少女椿
映画
狂っているのは
私か、あな

1984年に発売され、
世界中でカルト的人気を博している
丸尾末広の漫画『少女椿』。
その作品がついに実写映画化された。

story

ある時代の東京。14歳のみどり（中村里砂）は、病気の母親を置いて家を出て行った父親の代わりに家計を助けるため、路上で造花の花売りをしていた。ある日、家に帰り母親の光代に話しかけても動かないので蒲団を開けてみると、母親の体からネズミが出てきた。母親は病死して体内にネズミから喰われていたのだった。一人ぼっちになったみどりは、赤猫サーカス団の団長である嵐鯉治郎（中谷彰宏）に拾われる。

地方巡業に回るサーカス団には、怪力自慢の赤座（深水元基）、美少年のカナブン（武瑠）、蛇使いの紅悦（森野美咲）、足芸の鞭棄（佐伯大地）、異人の海鼠、蟻男といった個性的で怪しげな連中が顔を揃えていた。その中で下働きするみどりは、苛めにあいながらも女優を夢見て健気に毎日を送り、走る列車を見ながら東京の我が家のことを思うのだった。

そんなある日、団長の元に大きな荷物が届く。荷物を解くと大きな瓶の中に一人の男が入っていた。皆の前で瓶から抜け出た男はワンダー正光（風間俊介）と名乗った。団長は赤字続きのサーカス団の起死回生に、西洋奇術と称した超能力を使うワンダー正光を呼び寄せたのだった。

ワンダー正光が見せる不思議な奇術を見たみどりは、彼に興味を持つ。それを感じたワンダー正光は、彼女のことを気にかけて、超能力で見たこともない光景を見せる。彼の優しさにみどりは次第に心を寄せていく。

瓶を出入りするワンダー正光の評判は瞬く間に広まり、サーカス団は連日大入りとなった。だが、団員たちは彼の人気に嫉妬し、みどりを苛める。それを見たワンダー正光は、超能力で団員たちを恐怖に陥れて従わせた。そんな二人の関係を面白くなく思っていたのが鞭棄だった。

両腕がなく包帯で顔がつつまれている鞭棄はみどりのことを密かに思い、力づくで彼女の体をものにしていた。それを知ったワンダー正光は激怒し、超能力で鞭棄を砂地獄に落として殺害する。その光景を見たみどりはワンダー正光に恐怖を覚え避けようとするが、彼に見たことを知られ逃げることはできなくなってしまう。

サーカス団は次の町へ向かったが、異人たちを登録していないことが警察にばれ、公演が中止になりそうになる。だが、ワンダー正光から、その町で力を持つ議員の竜ヶ崎（鳥肌実）が美少年好きであることを知った団長は、カナブンを差し出して公演を行う許可を取ったのだった。そんな辱めを受けたカナブンはみどりを殺そうとするが、ワンダー正光に見つかり、超能力でやられてしまう。

そんな中、みどりの元に映画会社の人間が、新作の主演女優として彼女をスカウトにやってきたが、ワンダー正光はけんもほろろに追い返す。女優を夢見るみどりはワンダー正光のその態度に悲しみ、距離を置こうとする。その影響で舞台で超能力を発揮できなくなってしまったワンダー正光を、観客が化け物扱いしたことで彼は激怒し、超能力をフルに使って観客たちを醜く変身させ、場内は大パニックとなる。

ワンダー正光は若き頃、生まれ育った村で難病の人々にその力で治療を施していたが、力を使いすぎて老化した顔を化け物扱いされたことで村人たちを皆殺しにした過去があり、秘密警察に追われていたのだった。

自分の身が危ないと知ったワンダー正光は、この騒動で金を持ち逃げした団長に代わり、団員たちに自分が持っている大金を分け与え、みどりと一緒に映画会社に向かう。それはみどりの女優の夢をかなえさせるためだった。しかし素人同然のみどりが主役を演じるのは難しいことだった。ワンダー正光はみどりに超能力をかけて素晴らしい女優に仕立てていく。人気女優となっていくみどりだったが、しかし彼女にとって夢だった女優が次第に苦痛になっていく。

自分が本当に望んでいたことを悟ったみどりは、ワンダー正光にあるお願いをしたのだった。それはあまりにも悲しい結末だった……

丸尾末広インタビュー

「昭和初期は極彩色！」

聞き手：TORICO監督

7年かけて完成した映画『少女椿』

●TORICO――ようやく映画ができあがりました。最初にお願いにあがってから7年、たいへんお待たせしてしまって、すみません。

●丸尾――もう7年も経つんだよね。その時も、ここ（浅草の喫茶店）で会ったんだっけ？　ほんと、最初聞いた話は漠然としたものだったけど、とにかくやりたいってことで、話にきたんだよね。

●TORICO――ですが、お金集めの問題などもあって、長い時間がかかってしまいました。

●丸尾――まぁ、映画はそうだよね。先立つ物がないと前に進めないし、お金が集まってくると、自然に人も集まってくるんだよね。また、それを回収しないといけないでしょ、使いっぱなしじゃいけない。大島渚なんかでも、お金なんか簡単に集まるけど、取り戻すのがたいへんだって言ってたしね。

実は、これ以前にも映画化の話はよくあったんですよ。『少女椿』も描いてから30年経ってるんで、何度もそういう話があって。例えば、売り出し中のグラビアアイドルみたいなのに、みどりちゃんをやらせたいとか。そのたびに、どうぞ、って言うんですけど、そのあとまったく話がないことばかりで、断ったことなんて一度もないんですよ。なのに、みんな実現しなかった。いままでアニメだけですからね、完成したのは。

●TORICO――原作権を持ってくださっていた会社に、丸尾先生をずっとお待たせしてるんだから、あと1年で出

★丸尾末広氏（左）とTORICO監督（右）

★右から、鳥肌実、手塚眞、マメ山田、鳥居みゆき、黒色すみれ

来なければ諦めないといけないよ、って言われて、あと半年、あと何ヶ月って、自分の中でずっとカウントダウンしていたんですよ。それでなんとか滑り込みセーフで完成にこぎつけて。

◎丸尾——完成後、ここカットしてくれとか、言われたところ、あります？

◎TORICO——あとから言われたことはないですね。映画化を思い立った当時、『少女椿』は青林堂さんから出版されていたので、まず青林堂さんに話をしにうかがって、そうしたら青林堂の方に、これとこれとこれのシーンや、こういう言葉とかはカットしてくれないと原作権は許諾できません、と言われて……。

なので、脚本を練っていく段階で、そういうシーンや言葉などは避けつつ、だけどちゃんと『少女椿』の世界観を再現できるように工夫を凝らして作り上げていった感じです。しかもきちんと絵コンテを切ってから撮影に入ったので、あとからどうこう言われることはなかったですね。

映画観られてどうでしたか？　印象に残った役者さんとかいらっしゃいましたか？

◎丸尾——鳥肌実さん、びっくりしたね。すごい痩せてるイメージがあったから。

◎TORICO——（笑）。前はそうでしたね。でも、あの独特な気持ち悪さは健在で。

◎丸尾——あとは手塚眞さんだよね。ああいうとこで使ったんだ、と思った。本人の希望じゃないでしょ？

◎TORICO——手塚さんは、ご自身で気持ち悪い役がやりたいっておしゃってたんです。

◎丸尾——でも、そこまで気持ち悪くないよね。

◎TORICO——いやでも、あの雰囲気は（笑）。脚本の設定は足が悪いということだけだったんですが、そうしたらあの杖をご本人が持ってきて。

◎丸尾——手塚さん出るって聞いてたから、どこに出てるのかなって、思ってた。

他には、マメ山田さんとか鳥居みゆきさんも出てたね。鳥居さんのお母さん役、まったく違和感がない。まだ若いんでしょ？　それなのに、あの貫禄。

◎TORICO——そうですよね。かつら被って化粧したら、みごとにハマった感じです。

◎丸尾——あとは、黒色すみれさんも出てましたよね。

◎TORICO——あのシーンは、撮影現場でナマで演奏していただいたんです。またそれがとてもよくて。

原作のマンガの構図をそのまま再現

◎丸尾——中村里砂さんは初主演？　彼女は目が大きいからいいからいいね。マンガのキャラは実写になりにくいけど、目が大きいから元のキャラの雰囲気を崩してない。これをきっかけにいい役の話がどんどん来るといいよね。最近の役者さんはみんなバラエティばかり出ちゃうから、そっちへ流れずに頑張って欲しいけど……。

◎TORICO——確かに、里砂さんのあの目はインパクトありますね。

私が『少女椿』で一番好きなシーンは、布団にもぐった

★中村里砂

みどりちゃんがワンダーに破かれた名刺を隠していて、それが見つかってワンダーをジロリと見上げる場面なんです。その目の強烈な感じを丸尾先生の絵の通りに撮れてとても大満足なんですが、それも、里砂さんのあの目があってこそですね。

実はそのシーンだけじゃなくて、丸尾先生のマンガの構図をそのまま再現したくて、映像的に不可能じゃない限りは全部、先生のマンガの構図で撮影させていただいてるんですよ。しかも、先生のマンガは、絵の美しさとエログロの表現が見事に融合していて、闇と光の奥行きが素晴らしいですよね。そこを映像としてもきちんと再現したいと考えていて、それは絶対譲れませんでした。だから少ない予算で中途半端な映画を撮るのではなく、ちゃんと、ある程度のものが撮れる資金が集まるまで我慢しようと――それで7年もお待たせしてしまったのですが……。

◉丸尾――エログロは、企業のイメージアップにならないから、なかなかお金集めるのは難しいだろうね。

でも最近は外国でも、日本文化への興味のひとつとしてエログロっていうのがひとつのキーワードになってるよね。向こうの人は、結構真面目な意味で解釈していて、ちょっと日本人が持っているものとは違うイメージを抱いてるようなんだけど。

◉TORICO――日本文化ということで言えば、今回の映画では、セリフにも町並みの看板などにも、一切、頑として英語を使わなかったんですよ。昭和初期の時代が戦争で壊れないままずっと続いていたらどうなっていたか、という設定でストーリーやイメージをまとめていったので、日本の言葉や文字表記とかの美しさを前面に押し出していこうと思って。

昭和初期は、実は極彩色だった!

◉TORICO――そういえば、以前お話させていただいたときに、昭和初期って、とても極彩色だったというお話がありましたよね。

◉丸尾――あの時代のものって、写真はモノクロでしか残っていないので、どうしても、モノクロとか、セピア色とかで想像してしまうんだけど、そうじゃないんだよね。実際はとてもカラフルで、女の人の着物の柄なんかも、いまみたいに地味じゃなくて、すごい派手な色のものを平気で着て歩いてた。いまそれをするとチャラチャラして見えちゃうんだけど、当時はそれが普通だった。

◉TORICO――その色って、絵でしか残ってないんですよね。その時代の絵をいろいろ探して、そのカラフルさに驚いてかっこいい!って思っていたので、先生からも同じご意見うかがってとても心強く思った覚えがあります。ある人から、白黒で撮れば、という意見をいただいたこともあったんですが、いやいやそれはない、極彩色だから昭和初期なんだ、って思ってました。

◉丸尾――原色だらけの派手な世界なんだよね。

◉TORICO――デパートの中や町の提灯なんかも、とても派手だった。なんで日本はこんなに色がなくなっちゃったんだろう、というのが、とても残念なんです。丸尾先

★丸尾末広「少女椿」（青林工藝舎）

生の原画を見せていただいたことがあるんですが、その絵も色がとっても美しく、ああやはりあの時代の空気はこのような色彩があってこそだなって実感しました。

●丸尾――みどりちゃんの、黄色い地に赤い水玉模様の服みたいにね、当時はみんな平気でああいう派手な格好をしていた。そのセンスがエログロに通じるところもあって、きゃりーぱみゅぱみゅだって、昔だったらエログロって言われてたでしょ、きっと（笑）。それに引き換えいまのJポップは、一部を除いて、本当に色がない。

いまも熱心なファンが多い『少女椿』

●TORICO――（笑）。先生の絵は、エログロと言っても、劇画とは違う絵柄でそれを表現した先駆けですよね。

●丸尾――マンガと劇画、ふたつのパターンがあるんだよね。でも、そこからどう逸脱して、どっちにも属さない非パターン化したものをやろうという意識があったんです。最初は躓いたり、どうしたらいいか分からなくなっちゃうときもあったりしたんだけど……。

●TORICO――そこから『少女椿』が生まれてきたんですね。

●丸尾――『少女椿』はデビューしてまだ間もなく、25歳くらいで描いたんですけど、もともとは20くらいのときから考えていたアイデア。それを18ページの読み切りとして描いたのが最初で、長編にするつもりだったんだけど、でも載せてくれる雑誌がなくてね。結局、ある雑誌に途中まで描いてダメになって、別の雑誌にその続きを描いて、ということの繰り返し。

そしてそれを単行本にしようとしても、連載はエロ劇画誌とかだったんで、無理矢理ポルノチックなシーンを入れてたりして、それをそのまま繋げると、構成が、もう滅茶苦茶（笑）。だから、ページを描き足したりして、なんとかひとつの話にまとめたんだよね。20ページ分くらいは、どこの雑誌にも掲載されていない描き下ろしじゃないかな。

●TORICO――『少女椿』としてまとめられた以外の作品でも、サイドストーリー的なものもありましたよね。そういうのも映画に盛り込んだんです。お母さんが死んでるシーンとか。

先生の作品、特に『少女椿』は、信者のように熱心なファンが多いですよね。アヴァンギャルドで、30年経ってもいても全然色褪せてない。私も本当に心から好きなんです。

●丸尾――若い人に読んでいただけるのはありがたいことです。今回の実写化の情報が流れた時も、ネットとかでスゴい反響だったようで。

●TORICO――それだけ『少女椿』のファンは多いし、大切に思っている人がたくさんいるということですよね。しかも日本だけでなく、ヨーロッパはある程度反響あるかなと思っていたんですが、台湾でも騒ぎみたいになっていて、驚きました。世界中にファンがいるんですね。

そんな作品を映画化出来て本当に幸せですし、ぜひ多くのファンに見ていただきたいです。

今日はどうもありがとうございました。

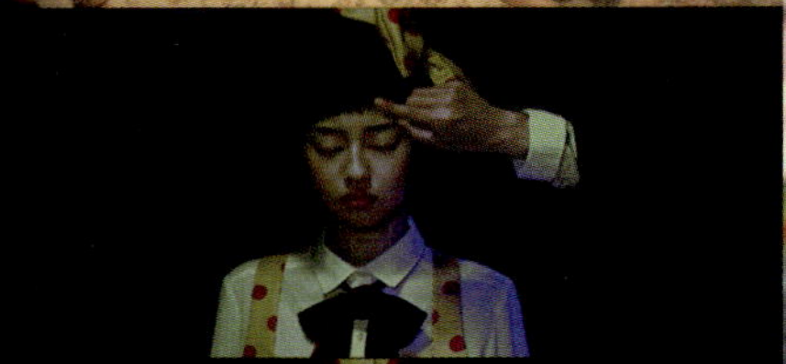

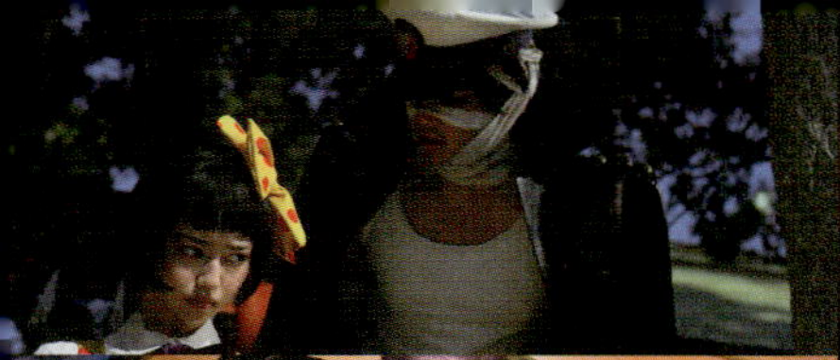
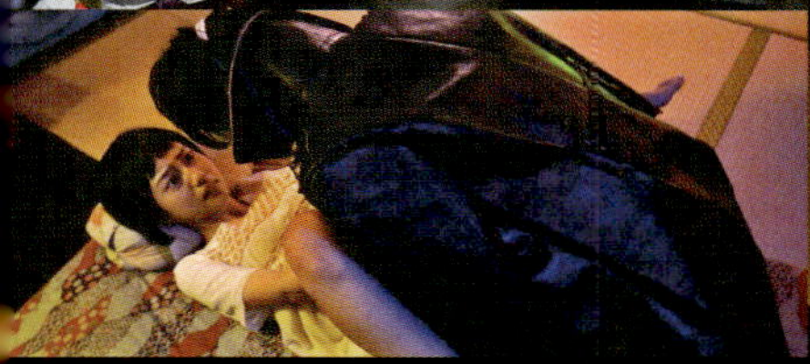
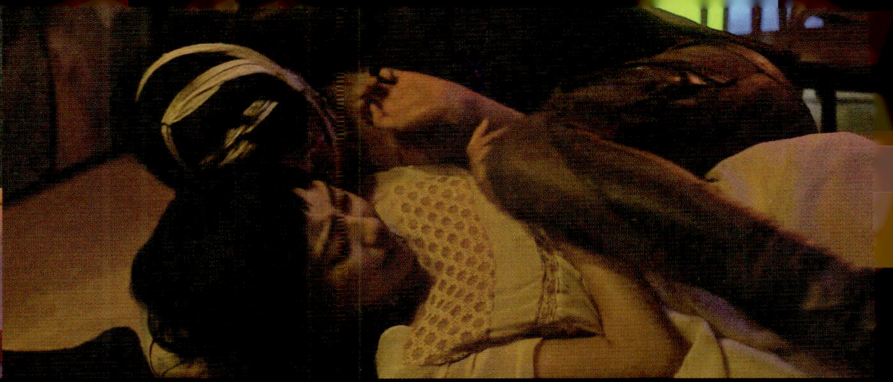

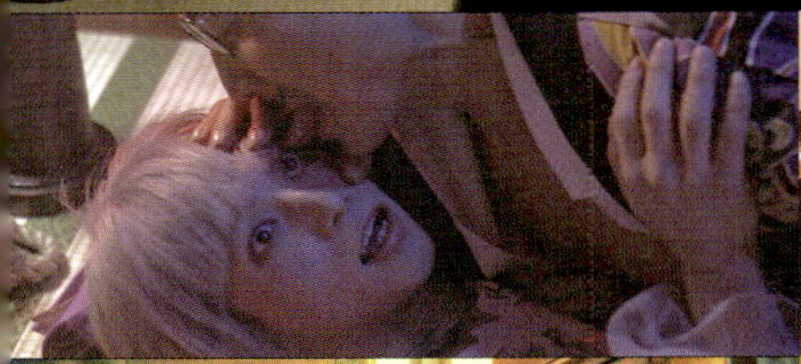

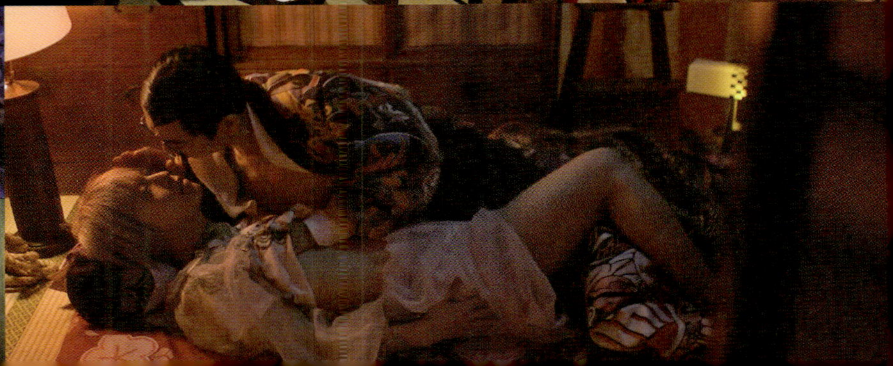

ワンダー正光

クスリ

昭和一〇七年

からたち洋装店

椿姫

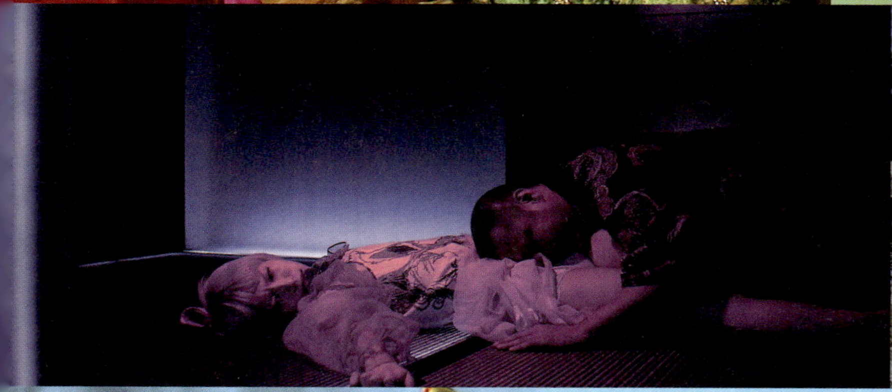

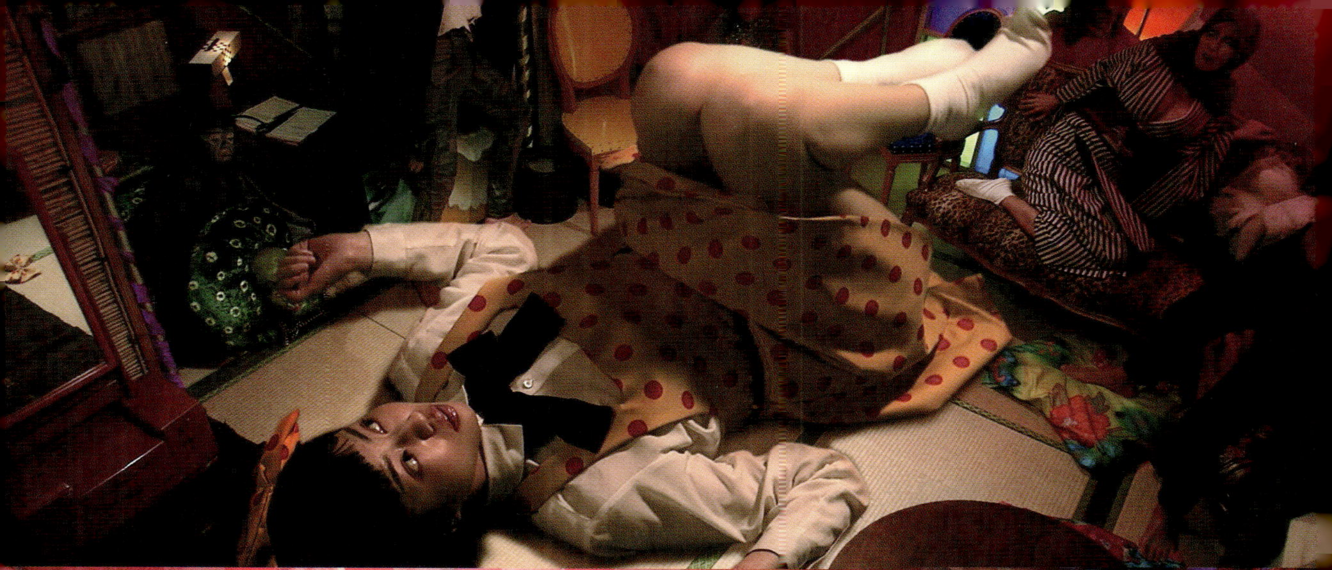

TORICO監督 インタビュー

エログロの先にある美しき異世界

『少女椿』映画化の経緯

――TORICO監督は丸尾末広の『少女椿』の大ファンだそうですが、まず、このマンガを読んだきっかけはなんでしょう?

◎TORICO――友達に勧められて読んだのが最初です。初め読み始めた時は吐き気をもよおしたんですよ(笑)。それで1回本を閉じて、ちょっと落ち着いてから再び本を開いて。こんなマンガあるんだ!という感じで、それくらい衝撃的だったんです。読み終えたら、見事にハマってしまいました。

そしてこの作品は、どちらかというとエログロ的な部分に目が行ってしまうと思うんですけど、それだけじゃなくて、美しい部分がものすごく多いと感じました。そこがハマった一番の理由で、やはりそれは絵の力ですよね。

読んだ後すぐ、この世界を映画化してみたいと思ったんです。原作権を取りたいと思って、まずはその当時『少女椿』を出していた青林堂に行ったんですけど、あまりいい顔されなくて、どちらかというとやめてもらいたい、という雰囲気で……(笑)。何度も映画化の話があったのにどれも流れちゃっていて、丸尾先生も悲しいお気持ちになってらしたということもあって、必ず映画化できるのなら原作権を渡しますけど、そうじゃなかったらやめていただけるとありがたいと、そういうようなことを言われましたね。

あと、この言葉は使わないで下さい、などという禁止事項がたくさんあって、次から次に出てくるので、ええっ、と驚きながらメモして……。

――それを聞いて、映画化は無理だとか思わなかったんですか。

◎TORICO――使ってはいけない言葉があったとしても、それを使わないと表現できないわけじゃないんですよ。それを使わずに観客に伝える手段をいろいろ考えました。例えば時代設定をいまの日本ということにすると、ほとんどダメなんで(笑)、そこで場所を架空の日本ということにして、昭和がいまも続いていたらと考えて、昭和90年という設定にした。そうしたら、だいぶ自由度が広がったんです。それでも使えない言葉は、呼び方を替えたり映像で見ればとそれだと分かるようにして、あくまでも『少女椿』の世界観を壊さないようにしました。

でも、脚本は何度も書き直しましたね。20改訂くらいしたんじゃないでしょうか。丸尾さんの『少女椿』の話は断片的で、ストーリーがあるようなないような感じなので、そこをうまくつなぎ合わせて物語の辻褄をつけていって、でも周りの人のいろんな意見をうかがって書き直していると、話が大きく逸れていってしまうことがあるんですよ。それではいけないので、『少女椿』の世界に引き戻すためにさらに書き直して……その繰り返し。書き直していると客観的に見れなくなっちゃうので、途中1年くらい何も触らないで、リセットさせた時期もあったくらいです。

昭和初期のアヴァンギャルドさ

——TORICO監督の映画は、いつも美術が印象的です。今回も舞台装置など、なかなか色彩豊かですね。

◎TORICO—— まず時代の雰囲気としては、昭和初期をベースに作り上げていったんですが、その頃っていろいろ調べてみると、とてもカラフルなんですよ。特に、昭和7年から13年の間くらいが一番派手。写真はモノクロでしか残っていないので、その時の絵をいろいろ探して、なぜいまの人は昭和初期がセピアだと思っているんだろう、全然違うじゃん!って驚いたんです。あとで丸尾先生とお話したら同じことをおっしゃっていて、とても勇気づけられました。それで、美術としてはそこをまず表現したかった。だから派手な色をたくさん使ったんです。

あと、当時の人は日本独自のファッションセンスをしていて、昔ながらの着物と洋服を巧みにミックスした服や着こなしをしていたんです。そういう新しいファッションというのも、この映画で表現したかった。そこでいろんなファッションブランドさんにご協力を仰いで、いまパリコレとかにも出してる有名なブランドさんもあったりするんですけど、エキストラの分も含めてたくさんご提供いただきました。昭和初期の人が感じていたであろうアヴァンギャルドさを、観客の人たちにも味わってもらえればと思って。

スタッフに恵まれて

——サーカス団員が集まる部屋のセットもスゴくアヴァンギャルドですよね。

◎TORICO—— 実は、撮影に入る1ヶ月前くらいに美術さんを新たに探さなくてはいけなくなって、助監督さんが知り合いの方に声をかけてくれて……。それで、まだやってくださると決まっていない初対面の時に「どうもありがとうございます!!!」って挨拶から入って、もう強引に断れないようにしたんです(笑)。あとで別のスタッフに聞いたんですが、その美術さん、「あの監督さぁ、すごいグイグイ来るな。やると言ってないのに、最初にお礼言われちゃったしな」っておっしゃってたそうで(笑)。

でもその美術さんは、本当によく1ヶ月であれだけのものを作り上げてくれました。美術デザインさんとその美術さんは初対面だったんですが、どちらもとても優秀な方で、ぽんぽんとやり取りして、どんどん形にしていく。発想もさすがで、この部屋は移動式という設定だから、がっちり作るんじゃなくて簡易的に作らなきゃいけない、だから単管パイプで組んであるんじゃないかって想像して単管を使って、そこに

布を巻いたりして装飾していったんです。壁も天井も全部布で出来ていて、本当に大量の布を使いました。

――ふすまとか布団とか、さまざまなところにグラフィティが描かれているのも目を引きます。

●TORICO――それを描いたアーティストさんもみんな一線で活躍されている方たちで、非常にインパクトあるものになりました。本当に、そのグラフィティが映像の中で生きてて、世界観をより強いものにしてくれたと思っています。プリントとかじゃなく、実際に描いてある絵の力はスゴいですよね。昭和初期の時代の雰囲気を元にしているけれど、こうしたグラフィティで、時代不明な未来的な感覚も出せたと思っています。

　衣装やヘアメイクに関しても、昭和90年という時代設定に基づいて、原作の衣装を再構築しました。二次元を三次元にすることは、忠実にやれば成功するわけではなく、コスプレっぽくなってしまうと世界観を壊しかねません。衣装部さんと話し合って、キャラクターが全員並んだ時にみんなの個性がそれぞれ生きて見えるよう、工夫しています。また、役者さんが決まったらそのキャストに合わせて、その役者さんがより綺麗に、もしくは粗雑に、または幼くというように、イメージに合った見た目になるよう、アレンジを加えました。現実に存在しない人物を作り上げるわけですから、役者さんというフィルターを通して衣装、ヘアメイクを考えないといけないのです。

異世界を表現したかった

――アニメーションが挿入されますが、なぜ一部のシーンをアニメーションにしたんでしょうか。

●TORICO――最初からアニメーションは入れるつもりで、それはまずは、観る人を飽きさせないためのひとつの手段ですね。そうすることで、頭を切り替えてもらえればと。色彩も、鮮やかなシーンはとても鮮やかにし、暗い部分は逆にとても暗くするなど、対比をつけて平板にならないよう、観客が退屈しないよう気を配ってます。

　あと、現実とは違う異世界を表現するのにアニメーションは効果的ですよね。舞台のセットも本当に神秘的に出来上がって、現場で見ていても、きれいだなぁってうっとりしてしまうくらいだったんですが、そうしたものも、そのような異世界を表現したかったというのが、根本にあったからです。

　実は昔、映画ばかり観ていた頃があるんです。1日10本とか観て、渋谷のツタヤのフロアのほとんどの映画を見尽くしてしまったくらい。そのとき気に入った作品の多くが、異世界に連れて行ってくれる映画で、その時から、そういう映画を作ることを目標にしているんです。

――それは、映画を作り始める前のことですか?

●TORICO――そうですね。そのあと、自主映画を撮っている人たちに出会って、最初は役者として出てたんですけど、何かアイデアない?とか聞かれてネタを出したりしてたら、自分で撮ってみれば?って言われて、それで初めて映画を監督しました。私には自分自身と向き合っていた時期があったんですが、その頃に妄想していた世界を元にした短編映画で、それが「ミガカガミ」ですね。しかもプロの方が結構手伝ってくれて、そういうミラクルがあって注目されて、国内外の映画祭で評価していただけた。それが2006年ごろのこと

★右から、
紅悦＝森野美咲
カナブン＝武瑠（SuG）
鞭棄＝佐伯大地
海鼠＝漆崎敬介
赤座＝深水元基
嵐鯉治郎（団長）＝中谷彰宏

ですね。それをきっかけに1本商業映画の話をいただいて、2006年に「イケルシニバナ」を撮って、それで今に至る、みたいな感じですね。

今回も、本当に多くの人のお力を借りて出来上がったと、感謝しています。7年越しだったので、7年前にお声掛けしていた人がどんどん有名になっていったりして。でも、そういう方々も、前に言ってたから協力してあげるよ、って手を貸してくださった。たぶん、映画関係者が観たら、実際の予算の5倍以上のお金がかかっているように見えるんじゃないでしょうか。それだけ多くの助けがあって、出来上がった映画なんです。

タブーばかり増える風潮に一撃

――『少女椿』にはさまざまな特徴的なキャラクターが出て来ます。思い入れのあるキャラクターがいたりしますか。

◉TORICO――まず、『少女椿』と言えばみどりちゃんですよね。みどりちゃんって、人形のような、無機質というか、純粋無垢で汚れていない存在なので、だから羨ましがられたり妬まれたりする。そうした純粋さって本当は怖いですよね。純粋さって、人を傷つけるし、人を殺しかねない。でもたぶん、みどりちゃんになりたいって言う人は多いでしょう。大人になりたくない、永遠の少女という感じで、ずっとそのままでマンガの中にいる。日本におけるアリスみたいなところがありますよね。

一方で、あとの登場人物たちはみんなすごくねじれていて、闇を抱えている。その中で私は特に、ワンダーのコンプレックス感がとても好きなんです。ワンダーに共感する人も、きっと多いと思いますよ。原作ではどういう人か結構ナゾだったんですけど、そこを映画ではもっと掘り下げていってキャラクターを肉付けしていきました。

実はワンダーだけでなく、ひとりひとりに、生い立ちからどういうふうに成長してきたかという物語を作ったんですよ。どういうふうにケガをしてとか、どういう経緯でサーカスに入ることになったとか。最初はそれも映画で描こうとしたんですけど、逆に話が薄っぺらになっちゃったんで、そうしたものはバッサリ切って。でも、その方が、話やキャラクターに奥行きが出てよかったと思っています。

他には、カナブンも闇が深くていいキャラクターですよね。これも際立たせたいと思ってました。

――監督ご自身、この映画で一番気に入っているシーンはどこでしょう。

◉TORICO――クライマックス、ワンダーが力を使って観客たちに幻覚を見せて惑乱するシーンですね。マンガの構図を映画でもなるべく再現したかったんですが、このシーンでもそれがうまく出来たかなと思います。

私も、このワンダーの魔術じゃないですけど、なんでも丸く収めようという最近の文化に一撃を加えたいと思ってるんです。最近は特に、規制ばっかりでタブーが多くなってきてるじゃないですか。汚いものは隠すべきじゃなくて、むしろ見せていくべきで、汚いものを隠して綺麗な世界が出来るとは思えない。

この映画でも、そこを表現したかったんです。そしてこの映画が、そうした風潮を打ち負かすきっかけになればと思っています。

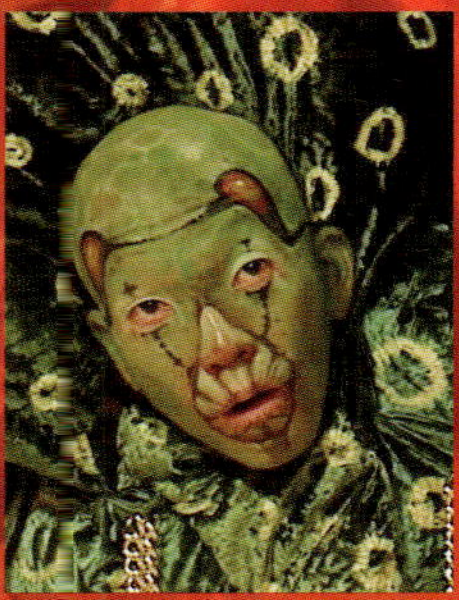

TORICOについて　乙一（作家）

映画『少女椿』の完成を耳にしたとき、「ついにTORICOさんはやってのけたのだ」と感慨深くなった。彼女が何年も前から『少女椿』の映画化を熱望していたことをしっていたし、脚本も読ませていただいた。だけどほんとうのことを言わせてもらうなら、この企画は永遠に実現しないんじゃないかとも危惧していた。この現代日本でこの原作を映像化なんてできるのだろうか、などと僕だったら怖じ気づいてしまう。だけどついにそれは完成したのだ。TORICOさんは自分の夢を叶えたのだ。

映画監督のTORICOさんにはじめてお会いしたのは、二〇〇九年のことだった。僕は作家のくせに映画を撮っているのだが、おなじく作家のくせに映画を撮っている悪い連中といっしょに、数年おきに渋谷の映画館で上映会をおこなっている。そこにTORICOさんが仲間たちといっしょに来てくださったのが最初の出会いである。以来、TORICOさんの催すあやしげな集会に呼んでいただけるようになり、ホルモンを焼いたり、流しそうめんをすくったりしながら交流を重ねた。この七年間、細々としたつきあいではあるが、いろいろなことがあったようにおもう。TORICOさん

（TORICO監督による イメージスケッチ）

監督が、映画化実現のため、プレゼン用に描いたイメージスケッチの数々。

の催したパーティにドレスコードが設定されていたので会場前で怖じ気づいて家に帰ってきたり、TORICOさんが監督する映画のプロットを執筆したり。その期間もずっと彼女はことあるごとに『少女椿』の話をしていた。だからこの映画は大人たちが企画会議で決めたような商品としての映画ではない。TORICOという一人の女性が人生をかけて完成させた情念の一本なのだ。

映画『少女椿』には、TORICOという人間がそのまま映し出されているようにおもう。極彩色のビジュアルは、彼女がいつも着ている服装のようだ。魔術的な空間や幻想的なエピソードは、TORICOさんの内面世界がそのまま投影されているように感じられてくる。主人公の少女が、そのまま監督のTORICOさんに重なる。丸尾末広先生の原作とTORICOという人間が、境目の見えないほどに融和している。僕はそのことに感動してしまう。彼女は偉大な原作に立ち向かい、臆することなく自分を投影し、『少女椿』の映像化という彼女の夢を実現させたのだ。

映画を観ているとき、グラン・ギニョールという言葉が何度も頭をよぎった。グラン・ギニョールには荒唐無稽という意味もある。映画を撮るというのは荒唐無稽な夢だ。僕の話だけど、作家なのに映画を撮ろうとしていることについて、頭のまっとうな人たちから、わらわれているんじゃないかとおもっている。だけどTORICOさんの映画『少女椿』は、そんな僕に勇気をもたらしてくれる。

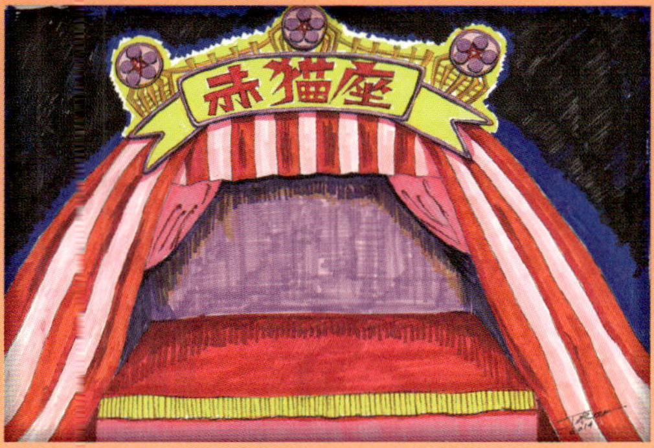

映画・少女椿 美術スケッチ

美術デザインの宮下忠也による緻密な美術スケッチをここに公開!

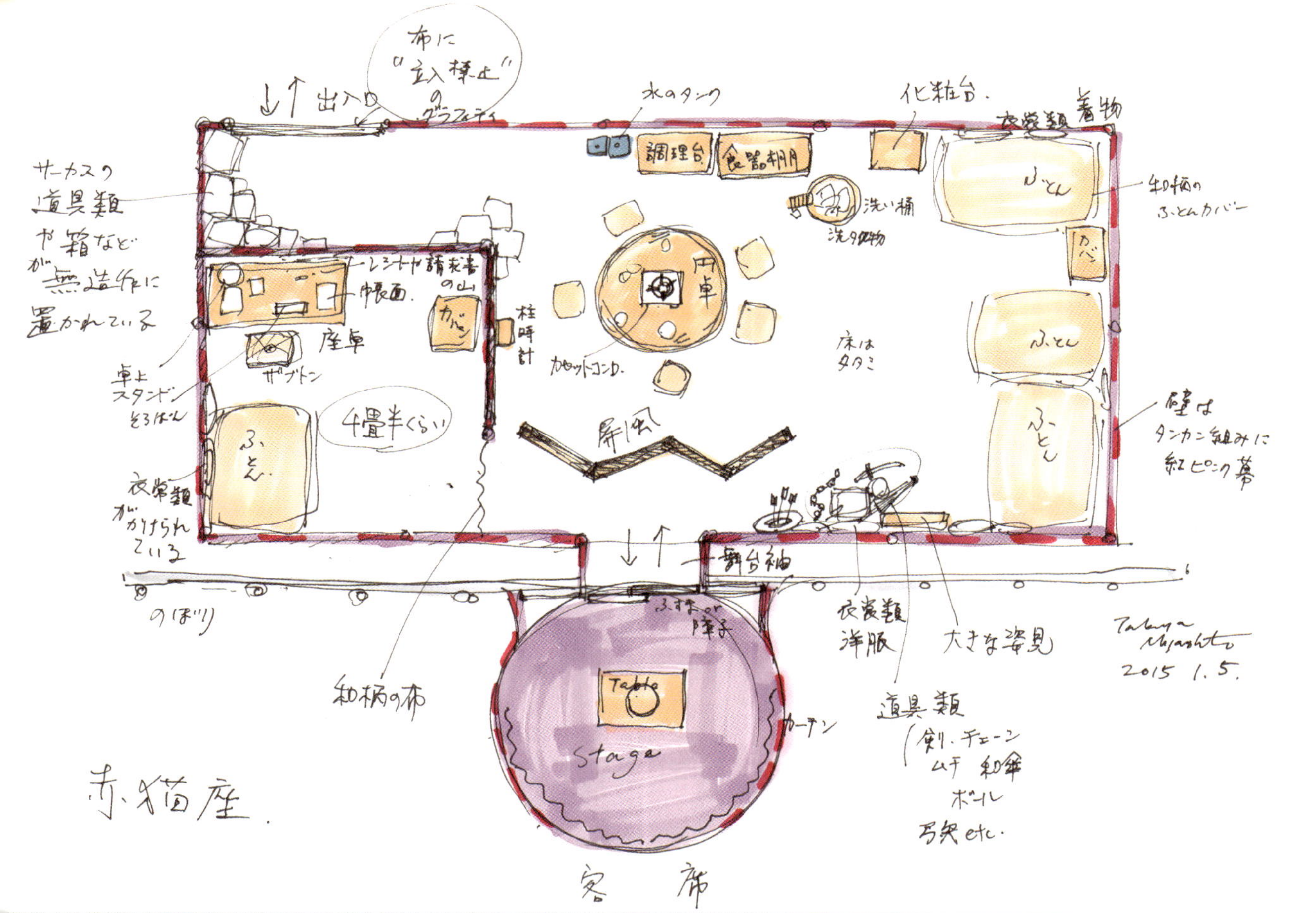

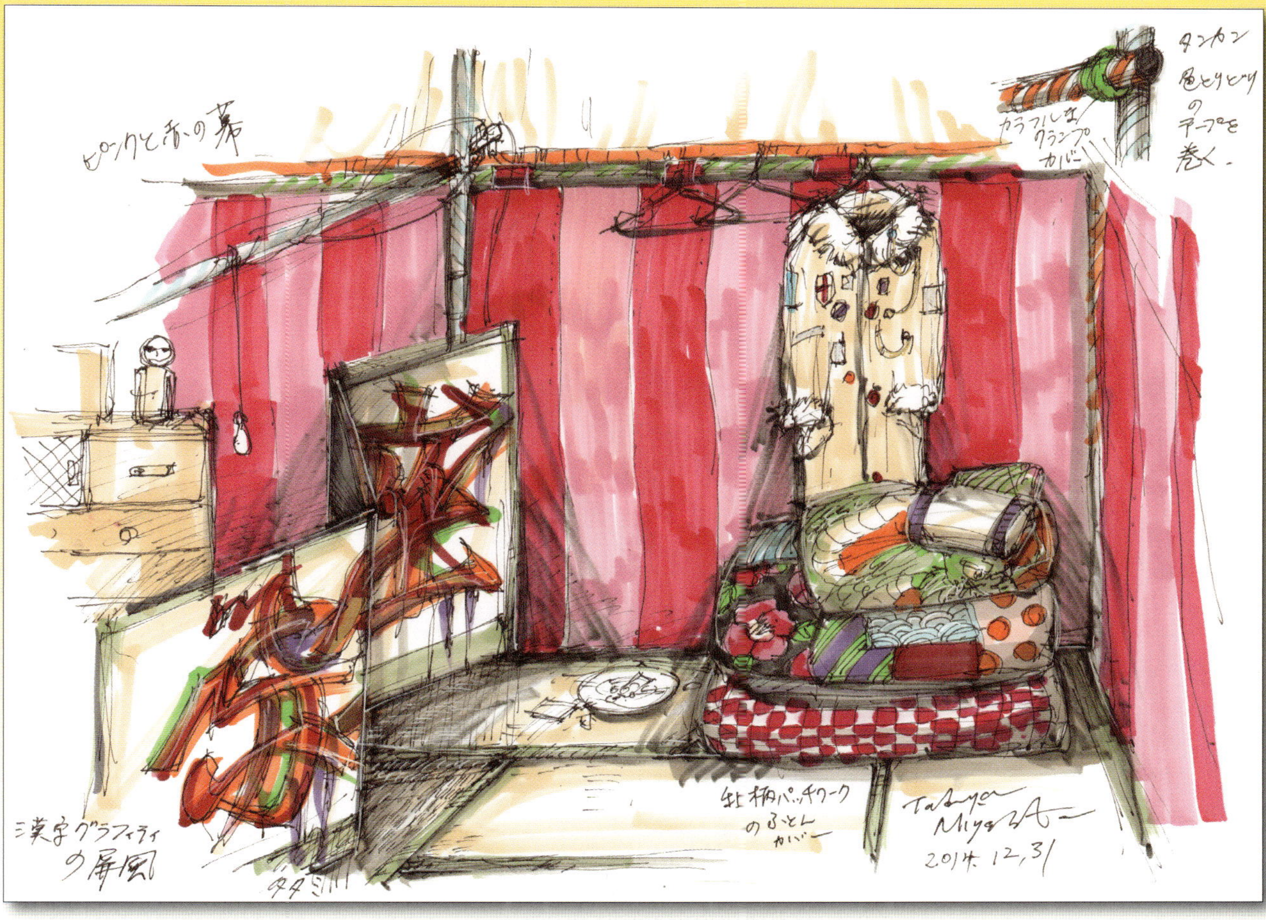
ピンクと赤の幕
カラフルなクランプカバー
タンカン
色とりどりのテープを巻く。
漢字グラフィティの屏風
タタミ
牡丹柄パッチワークのふとんカバー
Takuya Miyashita
2014.12.31

Takuya Miyashita
2014 10.30

Takuya Miyashita
2014 10.30

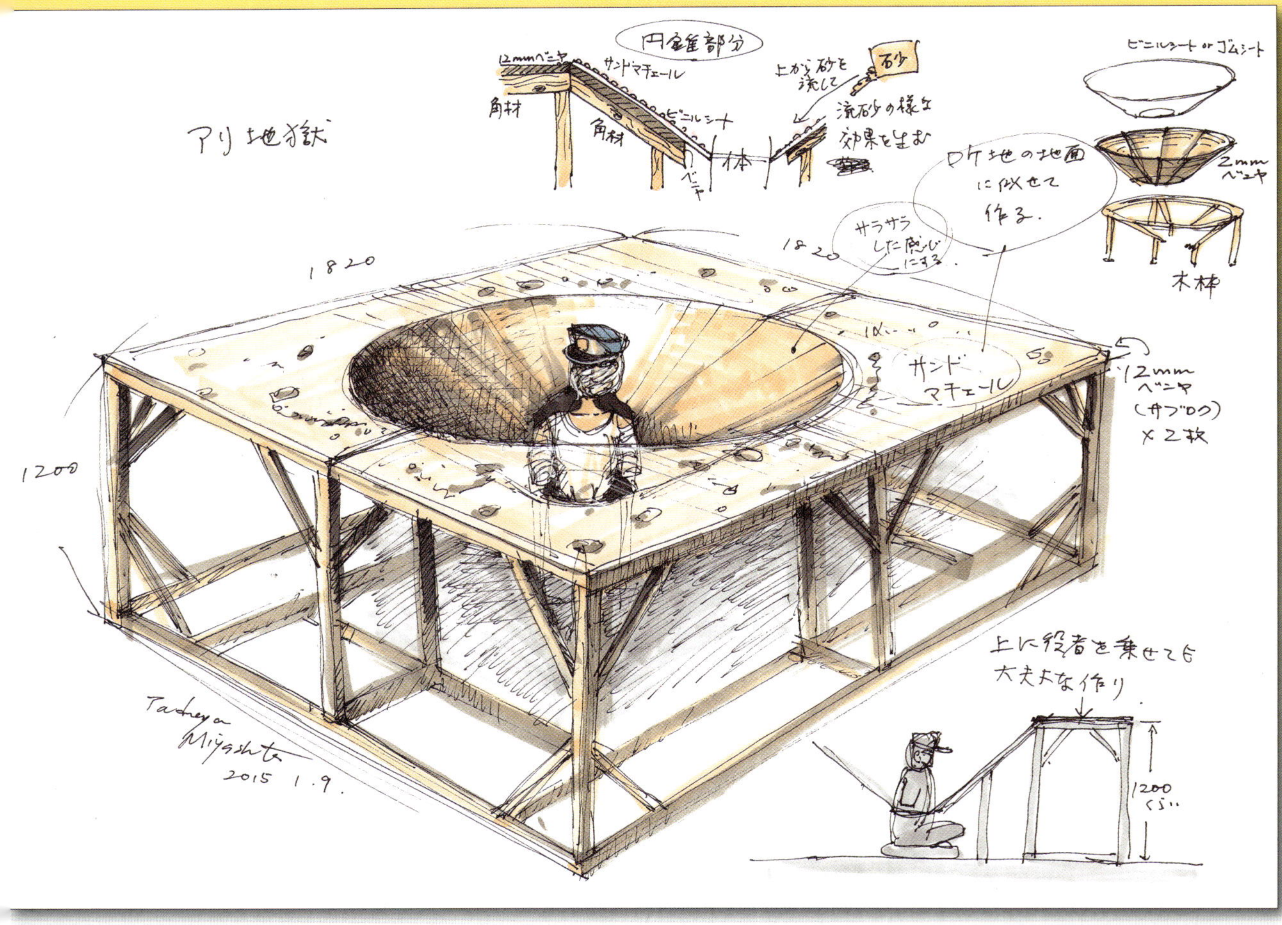
アリ地獄
円錐部分
12mmベニヤ
サンドマチエール
角材
ビニルシート
ベニヤ
木枠
上から砂を流して
砂
流砂の様な効果を生む
ビニルシート or ゴムシート
2mm ベニヤ
木枠
砂地の地面に似せて作る。
サラサラした感じにする
1820
1820
1200
サンドマチエール
12mm ベニヤ (サブロク) ×2枚
上に役者を乗せても大丈夫な作り
1200 くらい
Tatsuya Miyashita
2015 1.9.

サーカスステージ

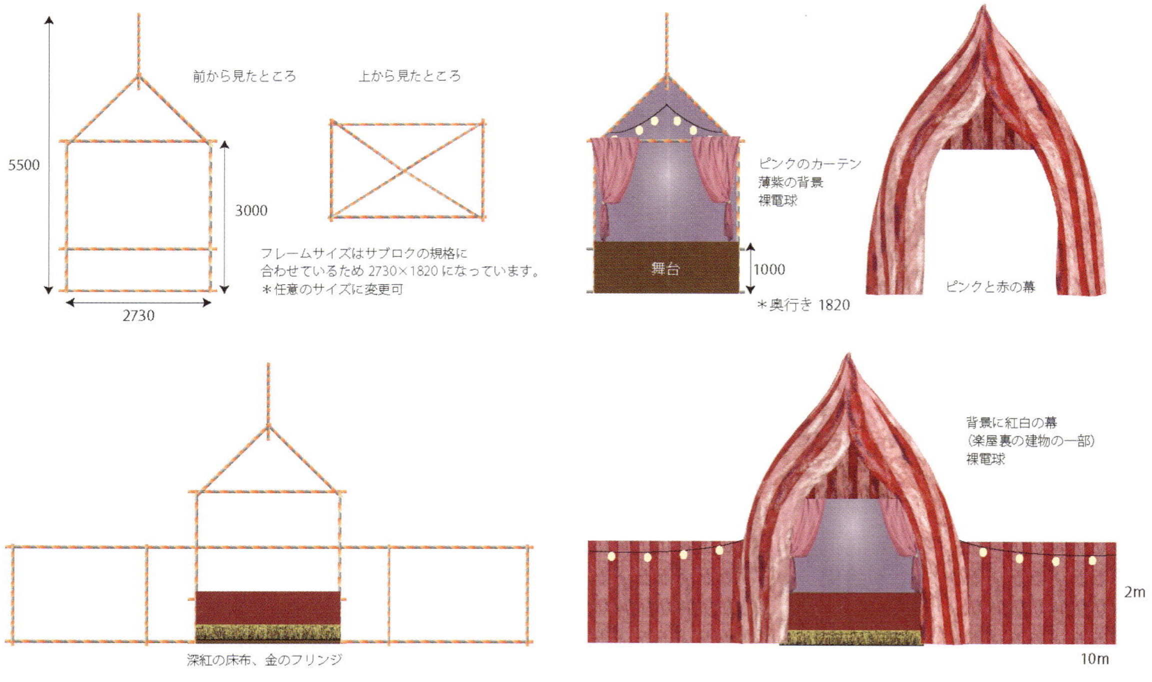
前から見たところ
上から見たところ
5500
3000
2730
フレームサイズはサブロクの規格に
合わせているため 2730×1820 になっています。
＊任意のサイズに変更可
ピンクのカーテン
薄紫の背景
裸電球
舞台
1000
＊奥行き 1820
ピンクと赤の幕
背景に紅白の幕
(楽屋裏の建物の一部)
裸電球
2m
10m
深紅の床布、金のフリンジ

ミニチュア
汽車
Tatsuya Miyashita
2014 11.18

鳥居
石の階段
漢字グラフィティ
ののぼり旗
和柄の布
ピンクと
赤の布
Tatsuya Miyashita
2015 1.5

少女椿転生奇譚

樋口ヒロユキ（SUNABAギャラリー）

秘密結社★少女椿団の「最終秘儀」チラシ

初めて丸尾版『少女椿』を読んだのは、一体いつ頃だったろう。みどりちゃんカワイイな、こんな刈り上げでオカッパ頭の子が、ウチの学校にもいたらいいのにな、などと思いながら同級生の女子高生を眺めていたことを覚えているから、おそらくは青林堂版の初版刊行からさほど間もない、一九八四～五年の頃だったのではないか。

アニメ版「少女椿」の監督である絵津久秋こと原田浩と知り合ったのは、それから約十五年もの時を経た、一九九九年頃の話だ。ネットの掲示板でひょんなことから原田と知り合いとなり、東京で開催するイベントのオープニングアクトに出演しないかという依頼をもらったのが最初だった。関西在住で当時は音楽をやっていた私はこのとき諸条件が合わず、結局は出演しなかった。あとで知ったことだが実はそのイベントというのが、アニメ版「少女椿」の上映会だった。

実際に原田と対面したのは二〇〇一年の春のこと。その頃私は哲学者の東浩紀が編集主幹を務める『TINAMIX』というウェブマガジンに、不定期に記事を執筆していた。同誌はややオタク色の強い媒体だったが、そこでアンダーグラウンド色の強いアニメ作品を紹介しようと考えた私は、原田のインタビューを取りに行ったのだった。

なにせ『少女椿』をアニメにして撮るような人だから、ド派手な服を着た人を想像していたのだが、実際に出会った原田はどちらかというと落ち着いた寡黙な人で、訥々と話をしてくれた。席上驚かされたのは、この作品を上映する際には、実に事細かな条件がついているということだった。たとえば上映時には台本に従って音量を調節しなければならないし、途中で会場にスモークを焚いたり爆竹を鳴らしたり、さらには花吹雪を散らしたりしなければならない。そして何より驚いたのは、会場の周囲に迷路を張り巡らし、見世物を上演しなければならないという条件だった。もはや映画というより演劇、あるいは見世物の興行に近い作品である。

当時はこのフィルムを上映しようという人は関西には誰もおらず、このため関西在住である私は、同作を未見のままの状態だった。つまり私は自分が見たこともないフィルムを撮った人物を取材しに行ったわけで、我ながらなんと失礼な振舞いかと呆れてしまうが、逆に言えばそれだけ何としても実物を見てみたい気持ちが強かったわけだ。そんなわけで私は席上、幾度か「関西での上映の可能性はないか、ソフト化の可能性はないか」と尋ねたが、原田は同作をビデオ化する気持ちは一切ないし、迷路の設営にコストがかかるため、地方での上映も難しい、との一点張りだった。これでは一生見られないことにもなりかねないではないか。

焦れた私が切り出したのが、実物の迷路でなく「観念迷路」というものを作り、そこで上映してはどうかという案だった。要するに「観客が迷いに迷った挙句、それでも現地に辿り着いて見た」という体験を提供できればいいわけで、それなら物理的な迷路である必要はなく、観念上の迷路であっても構わないではないかと考えたのだ。具体的には目的を伏せた秘密結社を作り「入団の儀式を乗り越えた者だけが見られる秘密上映会」という形式でやろうという提案である。こうすれば物理的な迷路に勝るとも劣らない、観念上の迷路を踏み迷う体験ができるではないか。そう私は主張したのである。

原田はその場でこの案を快諾、驚いたことに「タダでフィルムは貸してやるから持って行け」という。これ幸いと私は関西に帰るや、さっそく「秘密結社★少女椿団」という集団を結成。チラシを撒いて団員を集めるという行動に出た。まだネットも普及していない頃の話で、最初はいちいち封書で連絡を取っていた記憶がある。やがて団員の数は芋ずる式に増えていき、最終的に三百名となったところで、大阪ガスが経営していた劇場、扇町ミュージアムスクエアで上映会を行った。これが二〇〇二年の夏である。

とはいえ以上は大まかな話。実際にはそんなにトントン拍子に進んだわけではなく、やたらとトラブルや障害が多かったのだが、ここに全部は書ききれない。もしご興味をお持ちの方があれば、拙著『死想の血統』(冬弓舎、二〇〇七)に詳しく書いているので、そちらをご覧いただきたい。

さて、いま思えばこのときの少女椿団の活動は、様々な財産を私にもたらしてくれた。なかでももっとも大きかったのは、会場に飾る人形を提供してくれた、人形作家の清水真理との出会いだろう。彼女はいまでは海外での展示もこなす大作家に成長しているが、実に気さくなつきあいが続いていて、昨年の暮れには私の経営するSUNABAギャラリーでも作品を展示してくれた。映画、ライブ、出版、海外での展示という過密スケジュールの合間を縫っての奇跡的な出品で、舞台裏は壮絶だったと思うが、電話をすると「はいはーい」と飾らない返事が返ってくる。実にありがたいことである。

このほか「少女椿」をめぐっては、実に大小無数の出会いがあり、そうした出会いに助けられることが一再ではない。今回もまた実写映画化というタイミングで紙幅を与えていただいたわけで、どういうわけか「少女椿」は、私に幸運を呼び込む福の神のような作品となっている。もともと「少女椿」は薄幸の美少女の辿る苦難の連続を描いた物語なわけで、その上映に関わったことが、どうしてこんなに良い因縁を運んできてくれるのか不思議でならない。

実際この作品は、関わった人に幸運をもたらすのみならず、作品そのものが驚くべき生命力を持っている。もとはといえば本作は浪花清雲という作者の手になる紙芝居として発表されたものだが、この紙芝居版が世に出たのはなんと昭和初期、つまりは一九二〇年代である。その後は丸尾末広のマンガ版、原田浩のアニメ版、虚飾集団廻天百眼による舞台版と続き、今回の映画版にまで至る。つまりは約百年の長きに渡って、本作は輪廻転生を繰り返しているのである。

「少女椿」の主人公みどりちゃんは、原作では少女レビュー団の団員に、丸尾以降の版では見世物小屋に入団するという筋立てで、放浪の芸、漂泊の芸と切り離せない作品となっている。もしかすると少女椿みどりちゃんの背後には、実際に放浪の芸人として生き、苦難の運命に倒れた無数の少女たちの霊が息づいているのかもしれない。幾度倒れてもなお立ち上がり、放浪を続ける漂泊芸の生命力。それが本作の転生の原動力となっているのではないだろうか。

そうであるなら少女椿の興行に関わることは、見世物芸の世界に生き、知られざる闇に倒れた人々の魂への、巧まざる供養となっているのかもしれない。私の許に訪れた幸運は、無数の芸人たちの魂が、そうした供養に報いてくれた結果だったのだろう。

いわんや丸尾版でみどりちゃんが夢見たのは、銀幕のスタアになることであった。原作版では叶わなかった映画への出演の夢を、原作刊行から三十余年の時を経て、彼女はようやく叶えたのである。だからこのたびの映画版「少女椿」をご覧になることは、この薄幸の少女が掴んだ栄光を、大いに言祝ぐことになるのだと言えよう。

生まれ変わり死に変わり、見果てぬ夢を演じながら、ついに銀幕に転生したみどりちゃん。この漂泊の芸能神は、きっとあなたの運命をも見守り、人生という名の放浪の旅を支えてくれるに違いあるまい。ご観覧諸氏の今後いっそうのご多幸をお祈り申し上げて、ここでは筆を置くこととしよう。

TORICO監督による絵コンテ全収録

監督はあらかじめ、丁寧に描いた絵コンテを作成し、
現場ではその絵コンテに従って撮影が進められていった。
その絵コンテのすべてをここに収録！

scene 01 暗闇

Cut No. 1

狂気に満ちた
大勢の人間の叫び声
助けを求めている

Cut No. 2

混じり合い、
重なり合い、
ねじれ、うねっている

Cut No. 2

※他にも色々な
パターンでいい

Cut No. 2

Cut No. 3

血ばしったワンダーの眼。

Cut No. 4

ワンダー
怒りに満ち、我を
忘れている。

Cut No. 5

叫び声がさらに大きくなり
不協和音。
ノイズ。
破裂しそうな肉体たち。

Cut No.

scene 02 路地裏

Cut No. 1

一人路地裏で
花かごを持って立ってる
みどり、

Cut No. 2

ふと空を見上げる

Cut No. 3

月

Cut No. 4

みどり「ああ、お月様が
見てる」。

scene 03 タイトル

Cut No. 1

闇の中でグチャグチャになった
人間達がねじれて
混じり合い、

Cut No. 2

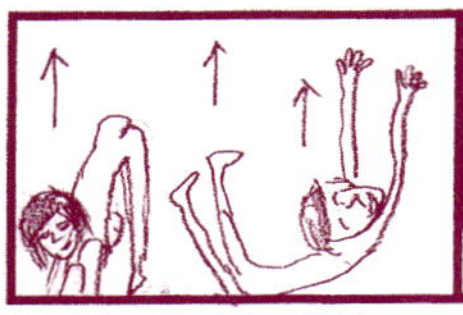

上昇して行き

Cut No. 3

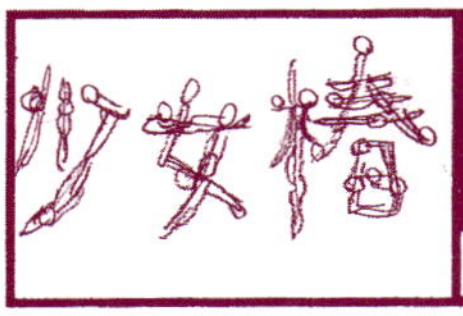

タイトルが出来上がる

Cut No. 4

タイトルに椿の
花が咲き乱れ
↓
OP

scene 04　寝床

Cut No. 1

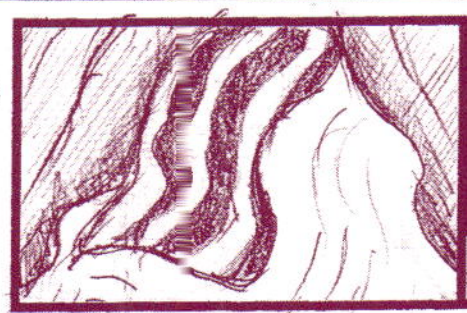

サーカス団ののろしが、
室内なのに吹いて
来る隙間風で
揺れている。

Cut No. 2

ガタガタ震えながら
着物を体中に
巻き付けて寝ている
みどり

Cut No. 3

枕元ではラジオが
歌謡曲を鳴らしている。
DJがお便りを読み
始める。

Cut No.

夢うつつのみどりは
やがて自分の
境遇が読まれている
ように聞こえる。

Cut No. 4

人生相談
「私は14歳の女の子です。
3年前に父が家出して
母と暮らしておりましたが

Cut No. 5

〜どの様に生きたら
よいでせう」

Cut No. 6

みどり
「お母ちゃん……」

Cut No. 7

みどり、寝帰りを打つと
共にシーン切り替わる。

scene 05　酉の港

Cut No. 1

パトロールしている
警官達。
物陰を大きなサーチライト
の様な物で照らしている

Cut No. 2

物陰に隠れて
警官が通り過ぎるのを
待つ漁師

Cut No. 3

漁師が何か
大きな袋を引きずり、
こそこそ辺りを
警戒する様子で
路地裏に入る。

Cut No. 4

路地裏には
車が止まっている。

Cut No. 5

漁師が来た事に
気づいた男(団長)

Cut No. 6

が車から降り、

Cut No. 7

漁師の持って来た
袋の中を覗く。

Cut No. 8

薄気味悪い異人が
2世、驚いて
ものすごい奇声を上げる

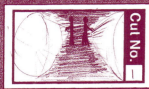

scene 06 団員達の寝床

Cut No. 1

紅悦
「うう…ふっ…」
紅悦のあえぎ声で
目を覚ますみどり。

Cut No. 2

薄暗く赤い光の中、
黒い山の様な影が
浮かび上がっている。
黒い影はギシギシという
音と共に動いている。

Cut No. 3

みどりが目をこらして
見ると、

Cut No. 4

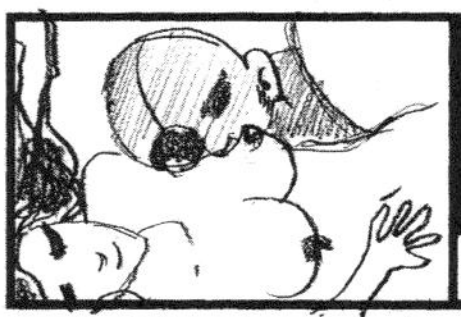

紅悦と赤座、
鞭棄が裸で絡み
合っている。

Cut No. 5

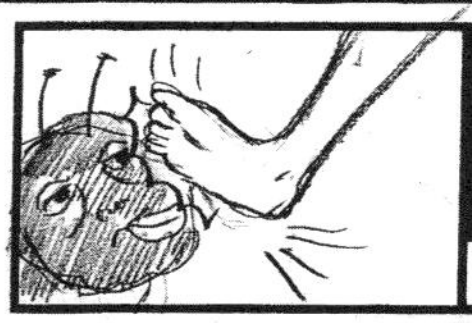

そこに蟻男が
加わろうとすると
紅悦に足で
蹴られる。

Cut No. 6

みどり、其の様子を
驚いた表情で見ている

Cut No. 7

それに気づいた赤座、
赤座「へっへっへっ、みどりが…」
紅悦「およしよ、あんな小娘」
そのまま行為を続ける3人
紅悦「あたしが2人分…
…ちっこいねえ」

Cut No.

みどりが気づかれない
ように、そっと部屋を出ようと
する。
紅悦のあえぎ声が
聞こえる。

scene 07 団長の寝室

Cut No. 1

団長の寝床から
出てきたみどり。
今度は団長とカナブンが
絡みあっているのを目撃する。

Cut No. 2

団長
「どうれ、目玉を
なめさせておくれ」

Cut No. 3

カナブンの
目玉をなめる
団長。

Cut No. 4

みどり、驚きの表情で
見ているが
気付かれない様に
その場から逃げ出す。

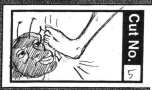

scene 08 神社

Cut No. 1

ある昼下がりの神社

Cut No. 2

みどりが何度も
周りの確認をした後

Cut No. 3

神社の床下を覗く。

Cut No. 4

床下には箱に入った
子犬が何匹かいる

Cut No. 5

みどり
「さあ、ごはんよ」

Cut No. 6

みどり、子犬に餌を
やっている。
みどり「もう大丈夫よ、
あたしがお母さんに……
……は内緒よ、食べられちゃうからね」

Cut No. 7

子犬達と戯れる
みどり

Cut No. 8

みどり
「じゃ、又ね
おとなしくしてるのよ」

Cut No. 9

忍びよる何者かの影。

Cut No. 10

カナブン
「みどりのやつ

Cut No. 11

しおらしいマネ
しやがって」

Cut No. 12

子犬達がきゅんきゅん鳴き
ながら、カナブンの足元に
戯れて来る。

Cut No. 13

カナブン、
それを愛おしそうに
見ている。

Cut No. 14

次の瞬間、
急に表情を変えた
カナブンが、
薄笑いを浮かべながら
何かを蹴る。子犬の鳴き声

Cut No. 15

薄笑いを浮かべたまま、
何かを蹴っている カナブン。

Cut No. 16

犬がつぶれる音

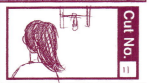

Cut No. 1

煮立つ鍋

Cut No. 2

赤座「あー、うめえ、うめえ」
紅悦「肉なんて何ヶ月ぶりかしら」

Cut No. 3

鍋を取り囲む団員達。
鞭棄「うっめえ〜」
カナブン「みどり、おいしい？」

Cut No. 4

みどり「はい、とっても」

Cut No. 5

鞭棄「でもよく肉買う金あったなあ」
カナブン「買わないよ」
カナブン、鍋の具を自分のお椀に入れながら、
カナブン「犬の肉なんて売ってる訳ないだろ」

Cut No. 6

全員「犬!!!!」

Cut No. 7

みどり 表情を変え
肉の入ったお椀を
落とす。

Cut No. 8

赤座
「まあ、犬でもうまいから
いいけどな」

Cut No. 9

鞭棄「お、どうした みどり」

Cut No. 10

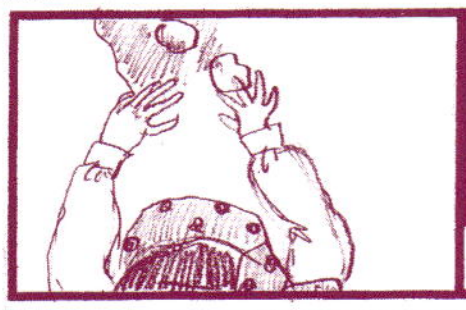

みどり落とした肉を拾い
手に取ってまじまじと
見る

Cut No. 11

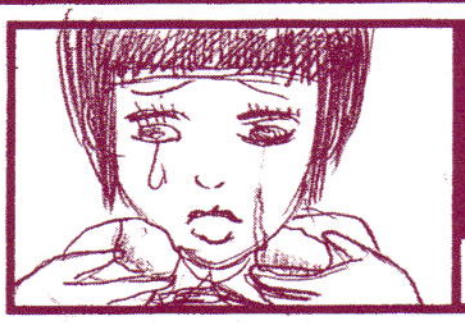

目に涙をためるみどり
肉の上にポタポタと
涙がこぼれる。

Cut No. 12

赤座
「あんまりうまいんで
泣き出したぜ」
紅悦「ノ御苦労なさったのねえ」

Cut No. 13

カナブン
嬉しそうな表情で
舌を出す。

Cut No. 14

大声を上げて泣くみどり
「犬じゃ!! 犬じゃ!!」

Cut No.

Cut No.

scene 10 汽車の走る風景

Cut No. 1

雪が降る中、汽車が走って行く。

Cut No. 2

汽車に手を振るみどり。

Cut No. 3

みどりのはるか向こうを汽車が通り抜けて行く。

Cut No. 4

みどり「お家に帰りたい…」

Cut No. 5

みどり汽車に向かって声を上げる。
みどりの黒目の中に
映る汽車

Cut No.

みどり「ポオポオ」

Cut No.

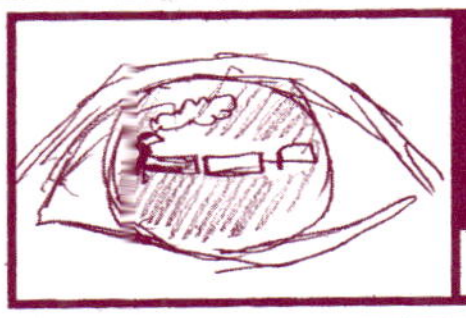

みどりの目の中に
トラックイン

Cut No.

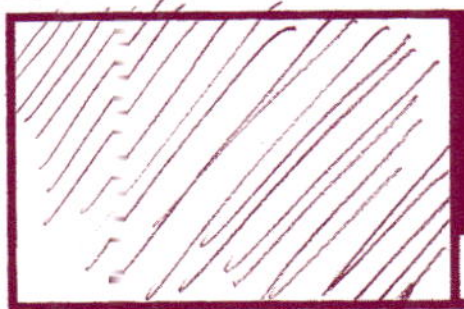

scene 11 路地裏（回想）

Cut No. 1

薄暗く、汚い路地裏に赤い花を沢山入れたみどりが立っている。
みどり心の声「花を召しませ

Cut No. 2

ランランラン、夢は橦一丁目、二丁目日向葵主嬢様
三丁目の花女蔵花四丁目
ぬれてる瑠璃柳
あたしのお花迷ひ子の

Cut No. 3

お花遠くでお家が燃へる瑠璃柳
あたしの〜 椿です」
悲しげな表情で花を口元へ近づけるみどり
みどり「お母さん？〜家出ちゃった」

Cut No. 4

山高帽を被った中年紳士が通過ぎる。
みどり「ああ、そこのおじさん、お花はいかが？」

Cut No. 5

山高帽の男、みどりに近づく。
影絵の様になる2人のシルエット

Cut No. 6

みどり悲しげに
みどり「ああ、今日もこんなに残っちゃったわ」
山高帽の男
「しかしこれは色紙の造花ではないか

Cut No. 7

街灯の光にたかる虫

Cut No. 8

山高帽の男
「お嬢ちゃん、それおじさんがみんな買ってあげても

scene 11　路地裏（回想）　続き

Cut No. 9

いいんだよ」
ニヤリと笑う
山高帽の男の口元。

Cut No. 10

山高帽の男
「困った時はいつでも
私を訪ねておいで……」
みどりの肩をそっと抱く
山高帽の男

Cut No. 11

山高帽の男
「この辺は怖いおじさんが
いっぱいいるからね。
早く家に帰りなさい」
みどりを抱き締める山高帽の
男。

Cut No. 12

みどり、山高帽の男の
腕の隙間から月を見上げる。
みどり「ああ!! お月様が
…… お月さまが見てる!!」

Cut No. 13

空に浮かぶ大きな満月

Cut No.

Cut No.

Cut No.

scene 12　汽車の走る風景

Cut No. 1

手を振っているみどり。
ゴッ
みどりの頭を何者かが
後ろから殴る。

Cut No. 2

紅悦
「なにがポオだよ」

Cut No. 3

みどりの頭を掴んで
振る蛇女。
紅「ぽーっとしてたのは
おまへだろ」

Cut No. 4

紅悦、みどりの首根っこを
つかんで無理矢理歩かせ
ながら、
紅悦「汽車ばっかり眺めて、
そんなに東京に〜
〜帰るとこなんかないんだよ」

scene 13　映画看板前

Cut No. 1

みどり、映画の
看板前で

Cut No. 2

憧れの眼差しで
女優を見ている。
次の瞬間、

Cut No. 3

看板の女優が
自分の顔になっているのに

Cut No. 4

気づく。

scene 14　ポスターの中（空想）

Cut No. 1

振り返ると

Cut No. 2

みどりが看板の
世界の中に入っている。
其の状況に少し驚く
みどり

Cut No. 3

みどりの元に
次々に食べ物や
洋服が運ばれて来る。
どうやら、ポスターの〜 様だ。

Cut No. 4

ベッドに横たわり、
運ばれて来たお菓子や
お花に囲まれ幸せ
そうなみどり

Cut No. 5

次の瞬間、
石がみどりの頭に
飛んで来る。
頭を痛そうにおさえるみどり。

Cut No. 6

みどりが石が
飛んできた方向に
振り返る。

scene 15　映画看板前

Cut No. 1

後ろに悪そうな子供が
いっぱいいる。
子供達「はははははは」
「やーい！インチキサーカス!!

Cut No. 2

早く街から出ていけー!!」

Cut No. 3

頭を痛そうに押さえ、
悔しそうに子供達を
見送る みどり

Cut No.

scene 16　団員達寝床

Cut No. 1

粗末な作りの小屋。
サーカス団ののろしが
室内なのに吹いて来る
隙間風で揺れている。

Cut No. 2

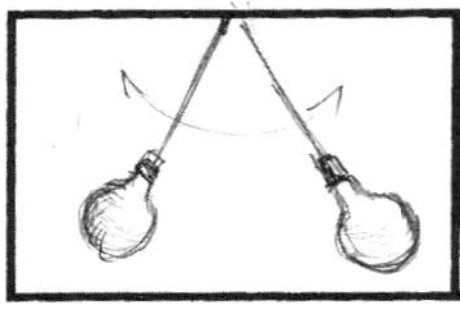

揺れる裸電球

Cut No. 3

ガタガタ震えながら
着物を体中に
巻き付けて寝ている
みどり。

Cut No. 4

そこに鞭棄が入って来る。

Cut No. 5

鞭棄みどりの寝顔に
足の裏をぺとりと当てる。

Cut No. 6

鞭棄みどりに抱きつく。
みどり「きゃあぁ」

Cut No. 7

鞭棄「みどり、なんで皆と
一緒に寝ないんだ…?
一人じゃ寒いだろ?」
みどり「いやっ あっち行って!!」

Cut No. 8

鞭棄「俺も寒くて眠れねえ
んだ、2人であったかく
なろうじゃないか」
鞭棄みどりに絡みつく。

Cut No. 9

みどり「いやだ、あんたなんか嫌い!
変なニオイがする!!」
鞭棄に抵抗するみどりが

Cut No.

鞭棄の顔の包帯を
剥ぎかけると、

Cut No. 10

鞭棄慌てて顔の包帯を
整える。

Cut No. 11

鞭棄「今さら何言ってやがる、
一ぺんはやられたくせに」
鞭棄みどりに覆いかぶさり、
鞭棄の包帯がみどりに
絡み付く。

Cut No. 12

恐怖の表情のみどり。

Cut No. 13

Na「毛糸のパンツ
～
もう はけなくなっちゃった」

Cut No.

Cut No.

scene 17　サーカス団外

Cut No. 1

カナブンが一人
芸の稽古をしている。

Cut No. 2

それを遠くから見ている
みどり。
稽古を続けるカナブン。
カナブン「よしうまくできた」

Cut No. 3

みどり、何かに気づく

Cut No. 4

カナブン「おー寒い寒い」
カナブン立ち小便をしている。

Cut No. 5

視線を感じ、
振り向くカナブン。

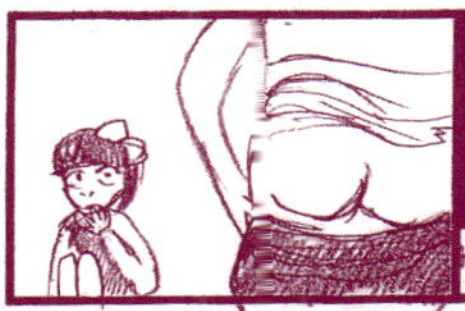

Cut No. 6

下半身を出したまま
みどりに近づいて来る。

Cut No. 7

カナブン
「はははははは」
笑うカナブン

Cut No.

scene 17A　アニメーション

Cut No. 1

みどりの首が
どんどん伸びて行く。

Cut No. 2

みどり心の声
「せめて首だけ
いずこへなりと
この世の外へ」

Cut No.

Cut No.

scene 18　長い廊下（空想夢）

Cut No. 1

長く暗い廊下を
山高帽が中に浮いて
やってくる。

Cut No. 2

ポリポリ何かを
かじる音が
聞こえる。

Cut No. 3

みどり一人廊下を
歩いている。
みどり「お父さん…

Cut No. 4

みどり
…お父さん」

scene 18　長い廊下（空想夢）　続き

Cut No. 5

みどり、ポリポリ
音のする方へ歩いて行く。

Cut No. 6

すると父親が机の陰で
きゅうりをかじっている。

Cut No. 7

みどり「お父さん……」

Cut No. 8

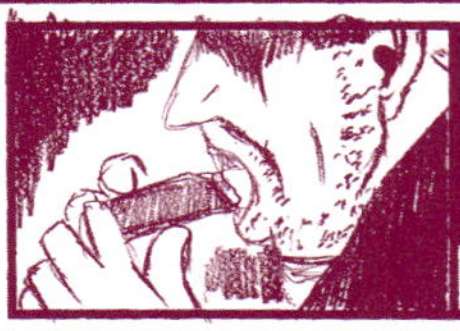

父親、きゅうりをかじり
続ける。

Cut No. 9

その途端、
みどりの体が
ねじまがる

Cut No. 10

みどり「きゃあああ」
腕や足が反対の方向に
どんどんねじまがる

Cut No. 11

みどり「ああ!! ああ!! ああ!!
ああ!! ああ!! ああ!!」

Cut No. 12

みどり必死の形相で
みどり「お父さん、助けて!!
助けて!!」

Cut No. 13

みどりの耳の中に
どんどん芋虫が入って
行く。
みどり「お父さん、助けて!!」

Cut No. 14

父親、見向きもせず、
ただきゅうりを食べている。

Cut No. 16

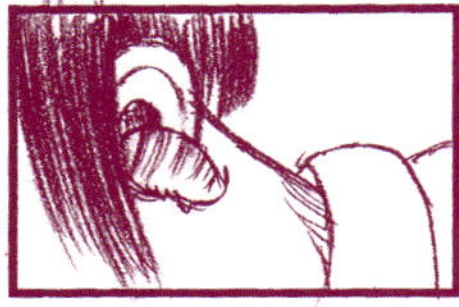

みどりの耳の中に
入ってしまう芋虫。

Cut No. 17

暗闇の中、急に団員達
が現れる。
団員達、皆笑っている
紅悦「苦しめ苦しめ
誰も助けてくれないよ、蛇に
なってしまえ!」

Cut No. 18

紅悦「人間のままで幸せに
なろうなんて虫が良すぎるんだよ」
みどり「ぎゃー」

Cut No.

Cut No.

Cut No.

scene 19 団員達寝床

Cut No. 1

団長みどりの額に手をあてている。
みどり目を開く。

Cut No. 2

みどり驚き、起き上がる。
みどり「わあっ」

Cut No. 3

団長「大分熱があるなあ」

Cut No. 4

みどり汗だくで息切れしている。
団長「今日は何もせんで寝てていいぞ」

Cut No. 5

みどり急に布団をかぶる。
団長「おっ」

Cut No. 6

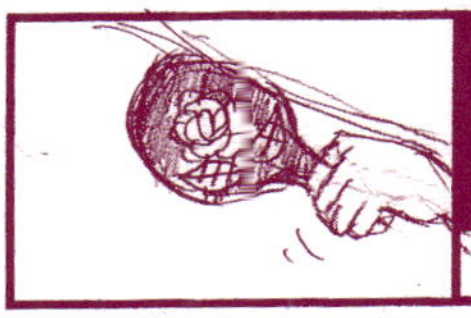

みどり母親の遺品の手鏡を握りしめている。

Cut No. 7

布団の中でみどり、目を開け手鏡を見る。

Cut No. 8

鏡に映った暗闇に光るみどりの目

scene 20 団長の部屋

Cut No. 1

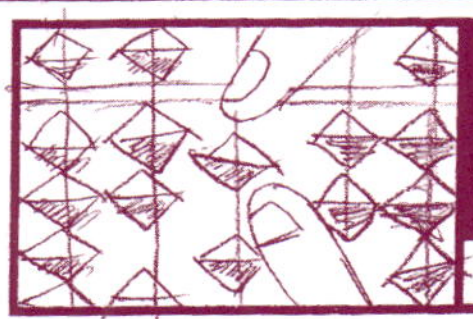

そろばんを弾く団長の手元

Cut No. 2

団長「あ～馬太目だ」
何やら少し苛ついている団長
団長「赤字、赤字、赤字～」

Cut No. 3

頭を抱える団長
紅悦が後ろから近付いて来る。
紅悦「ちょいと親方そらないわよ。あたし達の給料はどうなんのよ」

Cut No. 4

団長「しょうがないだろ。わしだって困ってんだ」
紅悦「それで済むと思ってんの？」
団長「もう3ヶ月の梨のつぶてよ」
紅悦「どうすんのさ!!」

Cut No. 5

黙る団長
紅悦、団長にすり寄る。
紅悦「ねえ…あたしにちょっとだけ都合できない？

Cut No. 6

「少しでいいのよ、ねえ」

Cut No. 7

団長、紅悦の手を乱暴に振払う。

Cut No. 8

紅悦団長の部屋を出ていく。
紅悦「フン、なんだよ けつもどきが」

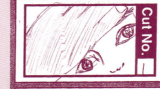

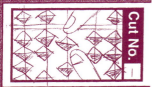

scene 21 楽屋裏

Cut No. 1

赤座と華便棄が
いらいらしながら入って来る。
赤座、物に八つ当たりしている。
赤座「これじゃあ飢え死にだぜ」

Cut No.

華便棄「とりあえずの仕事でもやって食いつなぐしかねえな」

Cut No. 2

カナブン
「無駄飯食らいを減らせばいいのさ」

Cut No. 3

赤座、海鼠の水槽とその傍らに座る蟻男に話しかける。
赤座「お前達、口減らしに売られるかもしれんぜ。」

Cut No. 4

蟻男、不思議そうに首をかしげる。

Cut No. 5

海鼠は鍋を沸騰させてうどんを煮ている。

Cut No. 6

カナブン「そういえば、今度新しい奴が来るって親方が言ってた。西洋手品を使う奴だって〜」
華便棄「誰でもいいが、こんなつぶれかかった〜、アホだぜ」

Cut No. 7

赤座、風邪で寝ているみどりに向かって
赤座「おい、みどり、よそいって寝ろ 風邪がうつる!!」

Cut No. 8

みどり、具合悪そうに起き上がると、出て行く用意をする。
みどりゴホゴホ咳をする

Cut No. 9

カナブン「咳するなよ!! 風邪がうつるじゃないか!! 早く向こうに行けよ!!」

Cut No. 10

赤座「あんがいあのみどりが貧乏神かもしれねえ、あいつが来てからうちの一座は落ち目だ」
布団を巻いたまま出て行くみどり。

Cut No.

scene 22 汽車の走る風景

Cut No. 1

遠くから汽車がもくもくと煙を吐きやってくる。

Cut No. 2

それを見ているみどり。
みどり「おかあちゃん……」

Cut No. 3

汽車が汽笛を鳴らす。

Cut No. 4

汽車の吐く煙の中にトラックイン

scene 23 みどりの家（回想）

Cut No. 1

みどり「ただいま」

Cut No. 2

布団に横たわる母親。
みどり「お母ちゃん、お花、
みんな売れたわ」

Cut No. 3

みどりは母の頭をなで、
布団を整えながら、
みどり「お母ちゃん、気分は
どう？
母親の周りにはみどりが作った
造花で埋め尽くされている。

Cut No. 4

今夜は玉子スープを
作ってあげるね。」

Cut No. 5

みどり
「…今度の遠足行けるかも
しれないわ，やさしいおじさんが
困った時はいつでもおいでって…
」

Cut No. 6

みどり
それでね…」

Cut No. 7

どこかで鳴いている
ねずみの鳴き声に気付く
みどり。
どうやら布団の中から聞こ
えるねずみの鳴き声。

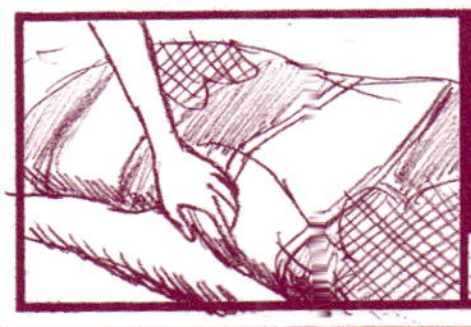

Cut No. 8

みどり
「…お母ちゃん…!?」

Cut No. 9

恐る恐る母親の布団を
めくるみどり。

Cut No. 10

急に母親の体の中から
ねずみが何匹も出て来る。
みどり「わ～～っ!!」
奇声を上げ、母親が死んで
いるのに気付き

Cut No. 11

泣くみどり。
みどり「お母ちゃん!!
お母ちゃん!!」

Cut No. 12

何を食べたのか、
口元を赤くしたねずみが
鳴いている。

scene 24 街灯の下

Cut No. 1

暗闇の中、街灯の下だけ
明かりが灯っている。
その下で割烹着を着た
主婦達が集まってひそひそ
噂話をしている。

Cut No. 2

主婦A「聞いたか?!」
主婦B「聞いた聞いた!?」
主婦C「カンオケの中でねずみが
鳴いとった
主婦A「アソコにまだ一匹入っとったんだろう」

Cut No.

主婦B「どうもおかしいと思った。
昼間よがり声がしてたもの」
主婦A「寝たきりの体でねずみに
潜り込まれて」
3人「なおがまま」

Cut No. 3

主婦C「ふた目と見られん
ようになっとったそうな」
主婦達の噂話を背に、
手で顔を隠し泣くみどり。

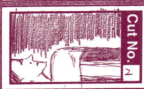

scene 25 サーカス団外

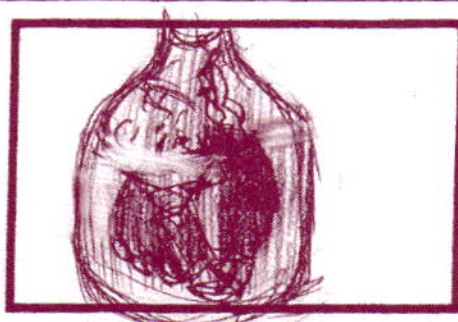

Cut No. 1
涙を流しながら、みどり汽車に向かって手を振っている。

Cut No. 2
汽車は通り過ぎて行ってしまう。

Cut No. 3
楽隊「行こか戻ろか 北極光（オーロラ）の下を、ロシアは北国はてしらず」楽隊が通り過ぎていく。

Cut No. 4
みどり、涙を流す。
宅配業者「すみませーん 赤猫サーカス団というのはこの辺りですかね？」
みどり「……？」

scene 26 赤猫サーカステント

Cut No. 1
宅配業者が大きな包みを運んで来る。
舞台上の机の上に置かれる包み

Cut No. 2
団長「ああっ、先生。お早いお着きで。申し訳ない、金策に駆け回っておりまして…」
包みに話しかけながら、宅配業者の伝票にサインを済ます団長。

Cut No. 3
そして、乱雑に包みの包装を剥ぎ取る。

Cut No. 4
箱を取り去ると中から口の狭い大きな瓶が現れる。瓶の中でくつろいでいるワンダー先生。

Cut No. 5
口を開けてそれを眺める団員達

Cut No. 6
みどりも幕の陰から恐る恐るながめている。

Cut No. 7
瓶の中でワンダーがおいしそうにタバコをくゆらす。

Cut No. 8
瓶の口から煙が出る

Cut No. 9
ワンダー「やあ、中はあったかくていい気持ちだ」
ワンダー、再び煙を吐き出した後、

Cut No. 10
その煙と共に片手を瓶の口から外に出す。

Cut No. 11
続いてもう片手。

Cut No. 12
そして頭。

scene 27　原っぱ

Cut No. 1

広い平原を一台の車が
走っている。
おんぼろ車に乗って
遠い町を目指す一座

Cut No. 2

周りに人家もないような
原っぱで車が立ち往生
している。
わずかに残った雪で無邪気
に遊ぶ蝙蝠男と海鼠。
それを横目に他の団員達が車を押し

Cut No. 3

鞭棄「車代をケチるからこういう目に
合うんだ」
団長「うるさい、黙って押せ！」
赤座が巡業に出れただけありが
てえやな。

Cut No. 4

鞭棄「おい！みどり！お前も手伝え」
みどりは少し離れた所で
手鏡を見ている。

Cut No. 5

みどりにワンダーが
近寄って行く。
それを見て舌打ちする
鞭棄。

Cut No. 6

みどりは鏡に光を反射
させ、ぼうっとしている。

Cut No. 7

その鏡にワンダーの
顔が映り、
みどり振り向く。

Cut No. 8

ワンダー「綺麗な鏡
だね。」

Cut No. 13

最後に体が出て来始める
団員達は全員瓶の
周りに集まり、
思わず感嘆の声を上げる。

Cut No. 14

瓶に足をかけ、
ポーズをとるワンダー。

Cut No. 15

ワンダー「わたくしワンダー正光と
申します。どうぞ宜しく!!」
深々と頭を下げるワンダー。

Cut No. 16

みどり思わず拍手を
する。

Cut No. 17

みどりを睨む団員達。

Cut No. 18

ワンダー、みどりに
手を振る。

Cut No. 19

みどり、嬉しそうに
にっこり笑う。

Cut No. 20

団長、「ささ、先生、
どうぞどうぞ、こちらで
お茶でも」

scene 27　原っぱ　続き

Cut No. 9

みどり「お母さんの形見なの……」

Cut No. 10

ワンダー「辛い思いをしたんだろうね」
これからは私が守ってあげよう」

Cut No. 11

ワンダー、懐から
葉巻を出し、一服する。

Cut No. 12

ワンダー 鏡を指指し
「見てごらん」

Cut No. 13

みどり 鏡をのぞき込むと
雪がチラホラ残っている
目の前の原っぱとは裏腹に、

Cut No. 14

花が満開の春の景色が
写っている。

Cut No. 15

鏡の中にワンダーが
現れて手招きする。

Cut No. 16

みどりは驚き
横を見るがワンダーの
姿はない。

Cut No. 65

恐る恐る 鏡の中に
手を入れると、するっと
飲み込まれる。

scene 28　花畑（アニメーション）

Cut No. 1

いきなり花畑の中に
一人立っているみどり。

Cut No. 2

みどり驚いている。
みどり「わあっ、きれい」

幸せそうなみどり。

Cut No. 3

みどり「あれ!?おぢさん…」
みどりワンダーを探す。

Cut No. 4

みどり「おぢさん、何処!?
何処!?」
辺りを必死で見回す
みどり。

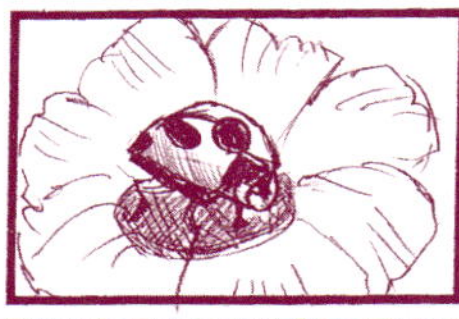
Cut No. 5

ワンダー「ここだよ」
花の上のてんとう虫が
答える。

Cut No. 6

てんとう虫飛び立つ。
みどりてんとう虫を
追いかける。

Cut No. 7

みどり「まって」

Cut No. 8

みどり花畑の中に
転ぶ

scene 30　隣町

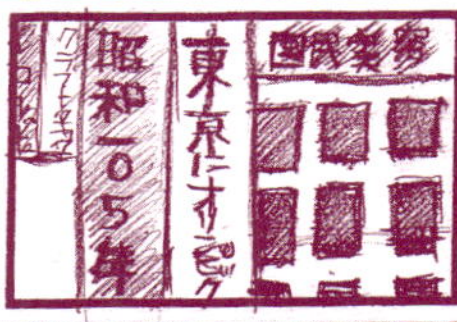

Cut No. 1
「昭和105年。
東京にオリンピックを!」
と描かれた巨大な垂れ幕。
前回の街よりもかなり大きく
栄えている。

Cut No. 2
街の雑踏

Cut No. 3
大勢の人。

Cut No. 4
前回の街よりも
かなり大きく栄えている。

scene 31　赤猫サーカス団入口

Cut No. 1
看板

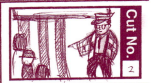

Cut No. 2
団長「はい、はい
　　　お代は後ね!!」
サーカス団の入口は
長蛇の列。

Cut No. 3
客「こら押すんじゃねえよ!」
客「見えねえぞ!!」
団長「はい、どんどん続いて。
　　　お代は後、お代は後」

Cut No.
客「もっと前つめろ!」
客「バカ、おすなって言ってん
　　だろ!!」

Cut No. 9
花畑の中で転んだまま
荒く呼吸するみどり
顔は汗だくになっている

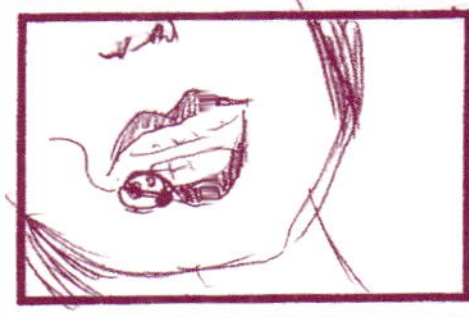

Cut No. 10
てんとう虫、
みどりの唇の上に這う。

Cut No.

Cut No.

scene 29　水辺 (アニメーション)

Cut No. 1
2匹のトンボが
くっついたまま飛んでいる。

Cut No. 2
近付くと顔が
ワンダーとみどりの顔に
なっている。

Cut No.

Cut No.

scene 32　舞台上

Cut No. 1

団長「さあさあこれより
あれなる マトを」
華便棄，足に弓を挟んで
弓をいようとする。

Cut No. 2

客「ひっこめ，バカ!!」
華便棄の顔に下駄が
飛んで来る。

Cut No. 3

客「さっさと ワンダー正光を
出せ!!」
華便棄，舞台を降りる。

Cut No.

scene 33　楽屋裏

Cut No. 1

団長「しぇんしぇーーい
早いとこお願いしますよ」

Cut No. 2

タバコを吸っている
ワンダー正光。
団長，「しぇんしぇーい」
ワンダー目を閉じたまま
ワンダー「 まてまてこうなると
助手が必要だな」

Cut No. 3

団長「ならばカナブンが…」

Cut No. 4

カナブン，嬉しそうに
衣裳に着替え始める。

Cut No. 5

ワンダー，みどりを指す。
団長，「みどりですか？
しかしこいつは舞台度胸が…」

Cut No. 6

ワンダー「やってくれるね？」

Cut No. 7

みどり頷く。

Cut No. 8

着がえていた衣装を
投げ捨て立ち去る
カナブン。

scene 34　舞台上

Cut No. 1

ワンダー「お待たせしました」
盛り上がる観客たち。
凄い声援。

Cut No. 2

観客「いよお〜〜っっ」
観客「待ってましたあ!!」

Cut No. 3

ワンダー「助手の
みどりちゃんです。」
みどり，緊張しながらも
丁寧に挨拶する。

Cut No. 4

葉巻を吹かし 急に
目の色が変わる
ワンダー。

Cut No. 5

静まり返る
観客席。

Cut No. 6

ワンダー片手を瓶の中に
入れる。

Cut No. 7

そしていとも簡単に
ワンダーの体が
瓶の中に入って行く。
感嘆の声を上げる観客

Cut No.

scene 35　舞台袖

Cut No. 1

団員達がワンダーの
舞台の様子をうかがっている。
鞭棄「ちっあの野郎ひとりで
うけやがって、おもしろくねえ!!」
鞭棄不愉快そうにその場を去る。

Cut No. 2

赤座「わからねえ…」
紅悦「私も何回見ても
わからない」

Cut No. 3

舞台袖から覗く
赤座の顔。

Cut No. 4

赤座恐怖の面持ちで
赤座「しかけがどこにも
……………ない。」

scene 36　楽屋裏

Cut No. 1

団長、ワンダーに媚びる感じで
すりよって行く。
団長「しぇんしぇ〜

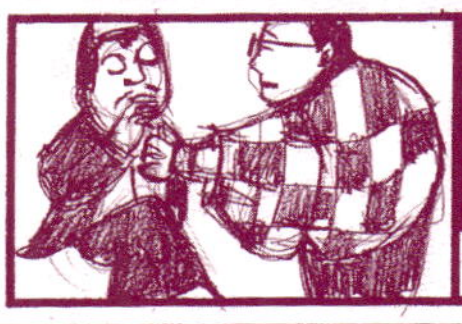

Cut No. 2

団長「しぇんしぇ〜
お疲れ様でした。」
ワンダー「うん、うん」

Cut No. 3

それを面白くない様子で
見ている団員達。
団長、「おい、おまへら、ボサッと
しとらんで先生にお茶を持って
来んか」団員達めくばせをする。

Cut No. 4

ワンダー「私はいいから みどりちゃん
に あったかいミルクをね」
嬉しそうな表情の みどり。

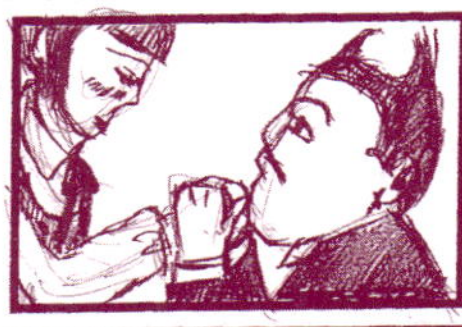

Cut No. 5

ワンダー「みどりちゃんが
手伝ってくれたから今日は
とってもいい芸ができたよ。
アリガト」みどりの手を取って
お礼を言うワンダー。
みどり嬉しくて顔を赤くする。

Cut No. 6

二人の様子を伺っている団員達。
鞭棄「助手だなんていっても、
ただ突っ立ってるだけじゃねえか」

Cut No. 7

鞭棄の言葉に気付きジロリと
睨むワンダー。

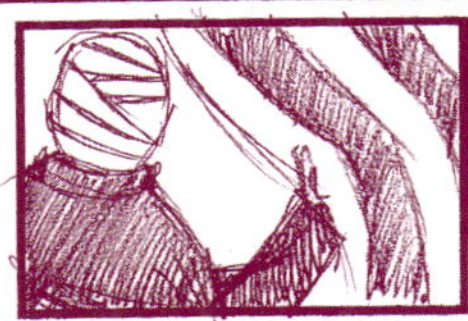

Cut No. 8

鞭棄、部屋を出て行く。

scene 36　楽屋裏　続き

Cut No. 9

ワンダー「ミルクはまだかね。」
団長「あ、はい、只今。

Cut No. 10

団長（カーブンに）おい。」
カナブン「え？」
団長、目くばせする。

Cut No. 11

カナブン、しぶしぶ
部屋から出て行く。

Cut No. 12

ワンダー、この サーカスを
もっともっと大きくしていきましょう。
もっともっとね。」

Cut No. 13

カナブン、ミルクを持って
部屋に入って来て、
みどりに乱暴に差し出す。
みどり「ありがとう。」

Cut No. 14

みどりをにらみつける
カナブン。

Cut No.

Cut No.

scene 37　海辺

Cut No. 1

みどりとワンダー2人肩を寄せ
歩いている後ろ姿
みどり「おじさんが来るまで
辛い事だらけだったの」
ワンダー「みどりちゃんはもう悲しい思い
はしちゃ駄目だよ。私といれば大丈夫だから」

Cut No. 2

みどり「もう雪もふらないといいわね」
ワンダー「そうだね。」

Cut No. 3

2人、とうもろこしを食べている。
口の周りにとうもろこしのカスを
付けたまま、目を合わせて
微笑む2人。
ワンダー「おいしい？」
みどり「うん！」

Cut No. 4

みどり「ねえ、どうして瓶の中を
出入りできるの？」
ワンダー「……それはね…
みどりちゃん、そうだいい物を
あげよう。はい、目をつむって」

Cut No. 5

みどり、わくわくした表情で
目をつむる。
ワンダー みどりに術をかける。
ワンダー「3，2，1パッ」

scene 38　赤い部屋

Cut No. 1

みどり、目を開けると、

Cut No. 2

赤色の部屋にいる。

Cut No. 3

そこにはみどりの欲しい物が
全部あった。
みどり、喜びの声をあげ、
プレゼントに飛びつく。

Cut No. 4

みどりの喜ぶ様子を
上から見ている
大きなワンダーの顔

scene 39　月

Cut No. 1

サーカスののぼりの
向こうに神社の
鳥居。
その上にかかる大きな満月

Cut No.

scene 40　楽屋裏

Cut No. 1

手鏡に映るみどりの唇。
みどり、口紅をひいている。

Cut No. 2

手鏡の中の自分にうっとり
見入っているみどり。

Cut No. 3

鞭棄「へっへっ　みどりの奴
すっかりその気だぜ」

Cut No. 4

赤座「こらっ、洗濯はどおした、洗濯は、
うっとり鏡見てる暇はねえぞ」
みどり、かっとなり、
みどり「わかってるわよ!! 今やろうと
思ってたとこよ」
鞭棄「おうおう、生意気じゃねえか、
みどりのくせに」

Cut No. 5

鞭棄、足でみどりの頭をこづく。
鞭棄「かわいくねえな、コラ!!」

Cut No. 6

みどり「なによっせっかくきれい
にしたのに!! このミイラ男」
みどり鞭棄に飛びかかる。

Cut No. 7

みどり、赤座に首ねっこを
掴まれ、ひょいっと持ちあげ
られる。

Cut No. 8

赤座「おしおきされてえんだな、ようし」
みどり、赤座に持ち上げられた
ままジタバタする。
みどり「はなしてよ、バカ!! あんた達、
誰のおかげでやっていけると思ってんの、
うちの人にいいつけてやるから」
鞭棄「おお、うちの人だってよ」

scene 40　楽屋裏　続き

Cut No. 9

赤座、みどりを放り投げる。
赤座「ほうれ!!」
みどり宙高く舞う。
叫び声を上げるみどり。

Cut No. 10

赤座、落ちて来たみどりを掴んでは放り投げる。

Cut No. 11

赤座「ほれい飛べい!!」
みどり「いやあ、やめてえ!!」

Cut No. 12

みどり、天井の梁で頭を打つ。
みどり「うっ!!」

Cut No. 13

赤座、笑いながら、今度はみどりをぐるぐる回す。
赤座「ホレ、ホレホレホレ!!」

Cut No. 14

紅悦とカナブンが騒ぎに気付いてよって来る。
紅悦「何面白い事やってんだい」
回されるみどり。
カナブン「死ねーっ、死ねーっ」

Cut No. 15

次の瞬間、みどりが急に大きくなり、団員達の上に落ちる。

Cut No. 16

天井を突き破る大きさのみどり。
みどりの下敷になる団員達。
テントが破壊され、材木が降ってくる。

Cut No. 17

赤座、みどりの下敷きになりながら。
赤座「どうした事だ!!みどりがばけものになった。

Cut No. 18

鞭棄「みどりがばけものになりやがった。

Cut No. 19

カナブン「みどりはばけものだ!!」

Cut No. 20

みどり赤座を摘まみ上げる。

Cut No. 21

ワンダー「みどりちゃんがどうしたって?」

Cut No. 22

赤座「え」

Cut No. 23

次の瞬間、普通にすわっている団員達。

Cut No. 24

ワンダー「みどりちゃんなら、ほら」
ワンダーが指差した場所でみどりが気絶している。

Cut No. 25

ワンダー「みどりちゃん、大丈夫？」
みどり、目を開けるが
放心状態である。

Cut No. 26

ワンダー、みどりに
笑って手を振る。

Cut No. 27

赤座、立ち上がり
ワンダーに拳を上げる。
赤座「きっさまあっ!!」

Cut No. 28

ワンダー、凍り付く様に
恐ろしい眼力で赤座を
見る。

Cut No. 29

思わず冷や汗をかく
赤座。

Cut No. 30

赤座「糸クズが付いています」
振り上げた手で
ワンダーの肩についた
糸クズを取る赤座。

Cut No. 31

ワンダー「きおつけえ!!!!」

Cut No. 32

団員達、ワンダーの前に整列する。
ワンダー「番号!!」
鞭棄「イチ」 赤座「ニ」 紙悦門「サン」
カナブン「イシ」 蟻男「××」 海鼠「ブクー」

Cut No. 33

ワンダー、団員達に指示をする。
ワンダー「君は洗濯、君は小屋の
修繕、君は楽屋のかたずけ、
君はメシのしたく」

Cut No. 34

海鼠、蟻男に向かって
ワンダー「君、君達は… よろしい」

Cut No. 35

ワンダー「みどりちゃんは何もしなく
ていいんだよ。プレゼントあげるから
一緒に行こう」

Cut No. 36

ワンダー、みどりの肩に
手をかけ、部屋から
出ていく。

Cut No. 37

鞭棄「くそ、面白くねえ、
威張りくさりやがって」
赤座「でも力じゃ敵わねえぜ」

Cut No. 38

鞭棄「あいつ… いつか
痛い目にあわせてやる」
鞭棄洗濯物を
蹴り上げる。

Cut No.

Cut No.

scene 41 団長の部屋

Cut No. 1

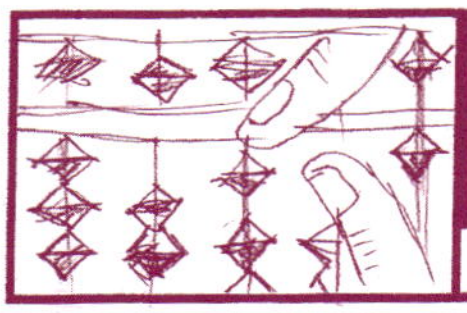

そろばんを張く団長の手元。

Cut No. 2

団長なにやら嬉しそう。
団長「うう、ふふ、ぼろもうけだもんね」

Cut No. 3

ワンダー急に来て団長のそろばんをはじきなおす。
ワンダー「計算が間違ってますね」
団長「先生、それじゃあ維持費が…」
さらにそろばんをはじきなおすワンダー。

Cut No. 4

ワンダー「いいや、これ位でいい。あんたが儲け過ぎだ」
団長「そんな!! みんなには十分払っている。私の取り分なんてほんの」
ワンダー「いいや、それでは連中はついて来ないよ」

Cut No. 5

団長「金の事は私が…」
ワンダー「まかせなさい」

Cut No. 6

ワンダーの顔つきがおそろしさを増す。
ワンダー「全部私にまかせなさい」

scene 42 階段

Cut No. 1

沢山のお菓子やおもちゃを手に鼻歌を歌っているみどりの後ろ姿。
みどり「ふふふふ……ふふふ」

Cut No. 2

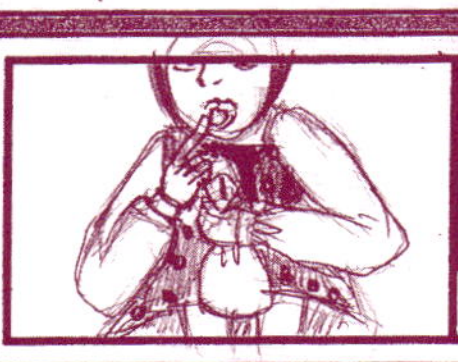

みどり、袋からコンペイ糖をひと粒出して口に入れる。
みどり「ふっふふふ」

Cut No. 3

みどりの背後から鞭棄がやってくる。
鞭棄「みどり」

Cut No. 4

振り向いて鞭棄に気付くとすぐに前を向いてしまうみどり。
鞭棄、みどりの後ろに腰を下ろす。
鞭棄「さっきは、悪かったな、ごめんな、もう、いぢめねえからよ」
みどり、振り向こうともしない。

Cut No. 5

鞭棄「お前が最近、あんまり…な、わかるだろ」

Cut No. 6

みどりを背後からやさしく抱く鞭棄。
鞭棄「仲直りしようぜ」

Cut No. 7

みどりに顔を近付ける鞭棄。
鞭棄「おれは、本当は、お前が好きなんだ。本当だぜ」
鞭棄みどりを抱きしめる。
複雑な表情のみどり。

Cut No. 8

2人の様子を恐ろしい形相でじっと陰から見ているワンダー正光。

scene 43 鳥居前

Cut No. 1

鞭棄「みどりは俺のものだ。あんな奴に渡してたまるか」

鞭棄、一人で歩いている。

Cut No. 2

鞭棄の足元に何か棒の様なものが転がっている。

Cut No. 3

鞭棄、それに気付き、

Cut No. 4

足で蹴る。

Cut No. 5

それは棒ではなく、腐った人間の腕であった。

Cut No. 6

驚く鞭棄。

Cut No. 7

腕には沢山の蟻がたかっている。

腕を食べる蟻。

Cut No. 8

次の瞬間、鞭棄がバランスを崩す。

Cut No. 9

鞭棄蟻地獄の様な穴に落ちている。

Cut No. 10

鞭棄「わあああああっ」

叫ぶ鞭棄。

Cut No. 11

鞭棄の体はどんどん砂に飲まれて行く。

鞭棄「助け…助けてくれっ!!」

Cut No. 12

穴の外に突然もう一人の鞭棄が現れる。

Cut No. 13

もうひとりの鞭棄、穴に落ちている鞭棄に向かって手を差し出す。

もうひとりの鞭棄「さあ、この手につかまれ」

Cut No. 14

鞭棄「おっおまえは…!?」

Cut No. 15

もうひとりの鞭棄「おまえだよ」

Cut No. 16

鞭棄「ワ、ワンダー正光!!」

scene 43 鳥居前 続き

Cut No. 17

ワンダーの声で（もうひとりの鞭棄）
「いいや，俺はおまえだよ」

Cut No. 18

鞭棄「きさまあ!!こんな目くらまし
に何度もひっかかると思うなあ!」
ワンダー正光の声（もうひとりの鞭棄）
「ほう，じゃ，抜け出してみたまえ」

Cut No. 19

鞭棄「う……」
ワンダー正光の声（もうひとりの鞭棄）
「どうしたんだね」
鞭棄「くう，はっ……」
どんどん砂に沈んで行く鞭棄
ワンダー正光の声（もうひとつの鞭棄）
「早く出ないと沈んでしまうよ」

Cut No. 20

ワンダー正光の声（もうひとりの鞭棄）
「ほうら，できないだろう，だから
素直にこの手に掴まれば
いいんだ」

Cut No. 21

もうひとりの鞭棄，手をまじまじと見る。
ワンダー正光の声（もうひとりの鞭棄）
「あ，そうか，つかまろうにも
君の手はここだからね，
こりゃ，失礼」

Cut No. 22

さっき鞭棄が
蹴った腕が落ちている。

Cut No. 23

鞭棄「コ，ノ，バケモノが…」

Cut No. 24

ワンダーの声（もう一人の鞭棄）
「何だと!?今何と言った!?」
もう一人の鞭棄激昂して
鞭棄を蹴りつける。

Cut No. 25

鞭棄「う…げ…げ…息が…
いき，が…つま…助けて…」
どんどん砂に飲まれる鞭棄。
鞭棄「助け…」

Cut No. 26

鞭棄の顔が，みどりの
顔に変化していく。
ワンダー正光の声（みどりの顔）
「みどりは私の物だ!!お前みたい
な奴が私と張合おうなんて図々しい。
おまえはろくでもない奴だ，死ね!!」

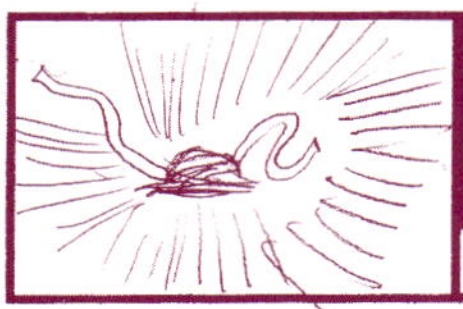

Cut No. 27

鞭棄「みどり，い…うう…」

Cut No. 28

その様子を木の陰から
見てる誰かの視線。

scene 44 楽屋裏

Cut No. 1

団長，団員達に
給料を渡している。
団長「はい，ごくろうさん」
団長赤座に給料を渡す。

Cut No. 2

団長「ごくろうさん」
団長，紅悦に給料を渡す。

Cut No. 3

赤座「おーっ増えてるぜ!!」
紅悦「ホントだわ」

Cut No. 4

カナブン「やったー!!」
給料袋を持って
飛び回るカナブン。

Cut No. 5

団長「おい，鞭棄の奴
どうしたんだ?いないじゃないか」
みんなの様子を一人
離れた所で満足げに見ている
ワンダー。

Cut No. 5

鞭棄の顔の包帯は外れ、
ただれた顔がむき出しになっている。
紅悦 ひざまずいて鞭棄の包帯を直してやる。
紅悦「泥を喰ってるわ」

Cut No. 6

団長「なんで泥なんて
喰ったんだ?」

Cut No. 7

カナブン
「だいいちさ、手もないのに
どうやって喰ったんだろ?

Cut No. 8

団員達から離れた柱の
陰からじっとワンダーを
見ているみどり。

Cut No. 9

ワンダーがそれに気付き
振り向く。
みどり、とっさに柱に隠れる。

Cut No.

Cut No.

Cut No.

scene 45　サーカス団外

Cut No. 1

雨に打たれて鞭棄の
死体が転がっている。

Cut No. 2

顔の包帯も取れ、
ただれた顔がむき出しに
なっている。

Cut No.

Cut No.

scene 46　楽屋裏

Cut No. 1

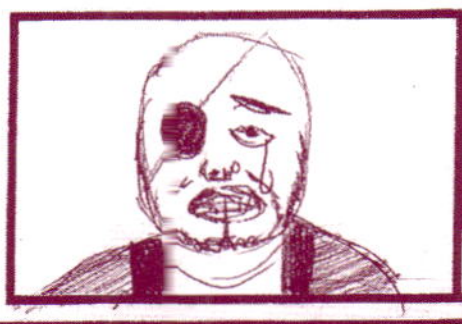

大声で泣き叫ぶ赤座。

Cut No. 2

砂が口に詰められた
鞭棄の顔

Cut No. 3

それを取り囲む
団員達。

Cut No. 4

団員達から離れた所に
ワンダーがいる。

scene 47　階段

Cut No. 1

雨の中、逃げるみどり
追うワンダー。

Cut No. 2

ワンダー「待て、みどりちゃん!!」

Cut No. 3

必死で逃げるみどり
ワンダー「なぜ逃げる!!」

Cut No. 4

ワンダーみどりを捕える。
ワンダー「みどりちゃん
……見たね!!」

Cut No. 5

ワンダー「見てたんだね、
あれを」

scene 48　みどり回想

Cut No. 1

ワンダー薄笑いを
浮かべて、華便棄の
口の中に泥をねじこんでいる

Cut No. 2

基の光景に重なる
みどりの恐怖の顔。

scene 49　階段

Cut No. 1

みどりを捕まえて離さ
ないワンダー。
震えるみどり。
みどり「…… こわい!!」

Cut No. 2

ワンダーみどりに顔を
近付け、
ワンダー「みどりちゃんの為に
やったんだよ」

Cut No. 3

みどりの手をカー杯掴む
ワンダーの手。
ワンダー「あんな奴、死んだ方がいいじゃないか」

Cut No. 4

みどりもがいて逃げようと
する。
雨の中、みどりを離さないで
抱きしめるワンダー

Cut No. 5

ワンダーみどりの耳元で、
ワンダー「いいかい？決して他の人
に見た事をしゃべってはいけないよ
みどりの心の声
「きっと呪われる、誰にも
しゃべってはいけない」

Cut No.

Cut No.

Cut No.

scene 50　旅館

Cut No. 1

寝ているみどり。

Cut No. 2

寝ているワンダー正光。

Cut No. 3

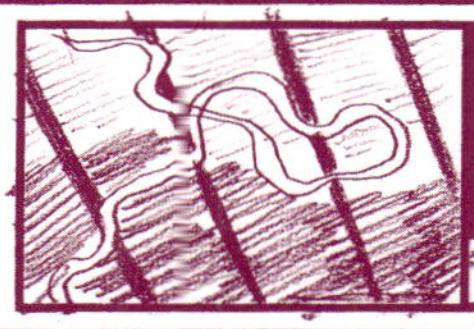

旅館の天井から
白い包帯が
降りてくる。

Cut No. 4

包帯みどりの顔に
巻き付く。

Cut No. 5

みどり「うっ、うっ、うっ、うっ」
どんどん巻き付いて行く包帯
に苦しそうにしているみどり。

Cut No. 6

気づかず寝ている
ワンダー。

Cut No. 7

みどり、思わず起き上がる
みどり「あ……」
汗だくのみどり

Cut No. 8

みどり、みどりに背を
向けて寝ている
ワンダーを見てる。

Cut No. 9

みどり心の声
「この人は、…本当に
いい人かしら?」

Cut No. 10

気味悪そうな表情に
なるみどり
みどり「本当は恐ろしい
人かも…」

Cut No. 11

ワンダーみどりに背を
向けたまま、びくりとも
動かず
ワンダー「眠れないかい?」

Cut No. 12

ドキッとするみどり。

Cut No. 13

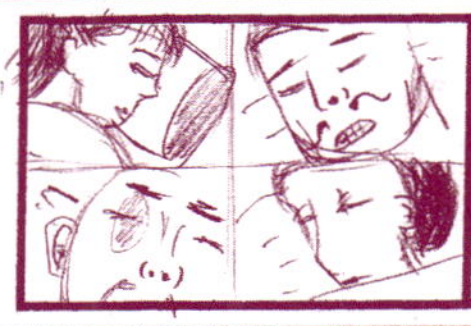

ぐっすり寝ている
団員と団長

scene 51　旅館外観

Cut No. 1

旅館の外は雨が
降っている。

Cut No.

Cut No.

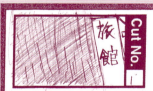

scene 52　墓地

Cut No. 1

雨の中、傘をさし、
鞭棄の墓の前に集まっている
団員達。

Cut No. 2

団長、墓の前にひざまずき、

団長「ナンマンダブ……」
墓の後ろに紅悦と赤座が
傘をさして立っている。

Cut No. 3

団長、ワンダーの方を
振り向き、
団長「先生のおかげで
ちゃんと墓も立てられました。
これで奴も…。」

Cut No. 4

みどり、一人団員達に
背を向け、ワンダーの
方をじっと見ている。

Cut No. 5

空で騒ぐカラス達。

Cut No.

Cut No.

Cut No.

scene 53　次の新しい街

Cut No. 1

夕暮れの街並み。
赤猫サーカス団の車が
到着する。

Cut No. 2

車から荷物を下ろし
サーカス小屋の組み立て
作業にかかる団員達

Cut No. 3

急に警官達がやってきて
赤座と蟻男に目を留める。
警官1「おい、そこ!」

Cut No. 4

赤座、ぎくりとして
蟻男を背中に隠す。
警官1「それは異人じゃないのか」
赤座「いや、えへへ」
警官1「責任者はどこだ」

Cut No. 5

団長、奥から何か食べ
ながら出て来る。
団長「何だ騒々しい…あっ!」

Cut No. 6

警官達、警棒をちらつかせ
ながら団長に
にじり寄る。

Cut No. 7

団長「…ご苦労様です」
警官2「登録してない
異人を雇うのは法令違反
だぞ。この異人は登録して
いるのか」

Cut No. 8

団長「いや、ついうっかり
していまして…」
警官1「上演禁止だ」
団長「そこをなんとか!」

Cut No. 9

警官1「このことは上に
報告する。覚悟しておけよ。
令状が出れば逮捕は
免れんぞ」
警官達踵を返し去って行く。

scene 54　団長の部屋

Cut No. 1

団長「しぇんしぇ〜!」
団長がワンダーに泣きついている。
ワンダー「ふむ。」

Cut No. 2

団長「もう先生のお力にすがるしか……。何とかなりませんか、先生。」

Cut No. 3

ワンダー、懐から葉巻を取り出し、口にくわえる。
団長、さっと火をつける。

Cut No. 4

団長の椅子に座り、気持ち良さそうに煙を吐き出すワンダー。
ワンダー「この街に力を持つ議員で龍ヶ崎という男がいるんだが、噂によると結構な少年愛好者らしいじゃないか」

Cut No. 5

団長「いや!! カナブンは駄目です!! 勘弁してください!!」

scene 55　夜の街

Cut No. 1

物思いに耽りながら、袋を抱えて夜の街を歩くみどり。
ふと目をやると

Cut No. 2

カナブンが団長に連れられ先の角を曲がっていく。

Cut No. 3

疑問に思い後を追うように歩き出すみどり。

scene 56　議員の家裏口

Cut No. 1

龍ヶ崎という表札の大きな屋敷の前にたどり着くみどり。

Cut No. 2

屋敷の内側は生垣が生い茂っている。
屋敷の中からあえぎ声が聞こえる。

Cut No. 3

みどり恐る恐る生垣の隙間の中を覗く。

Cut No. 4

部屋の中では裸のカナブンが龍ヶ崎と抱き合っている。

Cut No. 5

カナブン「ああ…イッ痛い」

Cut No. 6

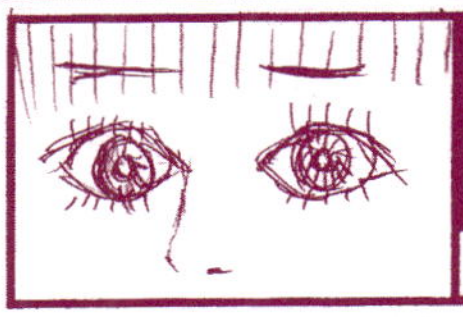

窓から覗くみどりの目。

Cut No.

Cut No.

scene 57 小屋の中

Cut No. 1

団員達が小屋の中で
思い思いのことをしている。
団長が外から馬区け込んで来る。
団長「みんな喜べ！公演のお許しがおたぞ！」

Cut No. 2

赤座「本当かよ！」
紅悦「一体どうして！？」

Cut No. 3

団長「まるでお咎めなし！
全ては先生のお力だ。」
満足そうに頷くワンダー。

Cut No. 4

喜びに沸く団員達
しかしカナブンだけは
目に涙を溜めて
うつむいている。

Cut No. 5

カナブンを見つめる
みどり。

Cut No.

Cut No.

Cut No.

scene 58 団員達の寝床

Cut No. 1

カナブン「みどり」
不意に声をかけられ
振り向くみどり。

Cut No. 2

カナブン、凄く高級そうな
服を着て立っている。

Cut No. 3

ずぶ濡れだが
笑っている。
カナブン「ふふふ…
買ってもらっちゃった。

Cut No. 4

みどり「誰に？」
カナブン「誰だっていいだろ！
自分だって欲しいくせに。」
みどり「欲しくないもん」
カナブン「ふん。」

Cut No. 5

カナブンみどりの荷物を
漁りだす。
みどり「ちょっと…」
カナブン「宝物を見せ合いっこしようぜ」
みどりの荷物の中から手鏡を見つけ、取り出す。

Cut No. 6

みどり「やめて、返して」
みどり、カナブンに掴みかかるが振り払われる。

Cut No. 7

カナブン、鏡を掲げて
床に投げつける。

Cut No. 8

派手な音を立てて割れる
鏡。

Cut No.		
9		みどり「ああ！」
10		カナブン、鏡を踏みつける。
11		みどり、カッとなって カナブンを突き飛ばす。
12		倒れたカナブン、みどりを 睨み、床に散らばった 鏡の破片を手に耳てる
13		それを見て逃げ出そうと するみどり。
14		カナブン、みどりの髪を掴み、 破片で切りつける。 カナブン「お前が来てから 全部おかしくなったんだ!!」
15		薄皮が切れ、みどりの 肌に赤い筋が滲む。 カナブン「~~華便華~~もおまえらが 殺したんだろう！人殺しめ！ 成敗してやる！」
16		みどり「いや！助けて！」 みどり悲鳴を上げて 逃げようとするが、髪を 掴まれていて逃げられ ない。 揉み合う度に赤い筋は増えていく。
17		カナブン、みどりを押し倒し、 その上に馬乗りになり、
18		破片を両手で揚げる。 無表情なカナブンの顔。 カナブン「たった一突きあの世 行き。これでお仕舞いこの世 の地猪犬」
19		みどり、ガタガタと震える。 恐ろしくて声も出ない。
20		そこに戸口から 煙が床を這い、流れ てくる。
21		煙はみどりの鼻先を 通り越し馬乗りになった カナブンを包む。 カナブン「オ、オオオ……」
22		みどり、戸口を振り返ると、 葉巻を吸っているワンダーがいる。
23		カナブンの手から 鏡の破片が落ちる。 そのまま倒れるカナブン

scene 59　神社の床下

Cut No. 1

ふと気付くと、カナブンは
神社の床下にいる。
体は縮んでいて周りの
全てが巨大に見える。
カナブン「こ、ここは？」

Cut No. 2

カナブンは何故か立ち
上がる事ができず、
四つん這いのまま床下から
見回すと、巨大な足が近づ
いてくるのが見える。

Cut No. 3

足の主はしゃがみ込み、
床を覗く。
それは巨大なカナブン。
巨大なカナブン「みどりのやつ、
しおらしいまねしやがって。

Cut No. 4

巨大なカナブンは床下に手を
伸ばし小さなカナブンを捕
まえ、引きずり出す。

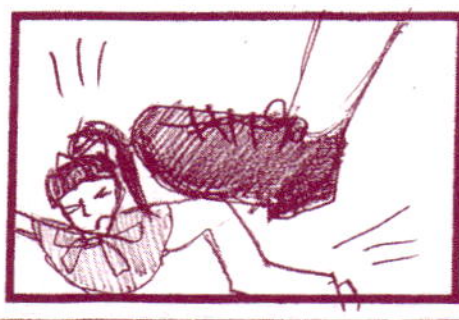

Cut No. 5

そして躊躇なく踏み
つける。
カナブン「ぐえ！やめ…
助けて！」

Cut No. 6

巨大なカナブンは
薄笑いを浮かべたまま、
小さなカナブンを蹴りつける。
カナブン「助け、助けて…」
骨が砕ける音がする。

Cut No.

Cut No.

scene 60　荷物置き場

Cut No. 1

ワンダー「大丈夫かい？みどりちゃん」
みどり、まだ恐怖から
抜けられずに震えている。

Cut No. 2

ワンダーみどりに歩み寄り
体を抱く。
ワンダー「怖かっただろうね。
もう安心だよ」

Cut No. 3

みどり、ワンダーにしがみつく。
みどり「カナブンは？」
ワンダー「カナブンは寝ている
だけだよ」

Cut No.

scene 61　楽屋裏

Cut No. 1

スーツに山高帽を被った男が
2人、楽屋に入って来る。
映画会社男
「失礼します。みどりさんに
会わせていただきたい。」

Cut No. 2

赤座「おーい、みどり、お客さん
だぜ」

Cut No. 3

ぽかんとするみどり。

Cut No. 4

映画会社男、みどりに
名刺を渡す。
みどりの周りには興味
深々で集まってきた、紅悦、
赤座がいる
映画会社男「私共、こういう
ものです」

scene 62　スターになったみどりの部屋

Cut No. 1

みどり、美しい衣裳を着てベッドに
横たわっている。みどりの周りには
くつろいでいるみどり。
映画会社男NaT スターになれば
毎日おいしいものが食べれて、
なによりみんなから大切にされますよ」

Cut No.

Cut No.

Cut No.

scene 63　楽屋裏

Cut No. 1

まだ夢の中にいる感じの
みどり。
紅悦「断ったらバカだよ
みどり。」
みどり、名刺を見つめたまま
動かない。

Cut No. 2

急にワンダーから名刺を
取り上げられ驚くみどり。

Cut No. 3

ワンダー とった名刺をその場で
破ってしまう。

Cut No. 4

みどり「あっああー!!」
驚く団員達

Cut No. 5

赤座「おー満田松竹!!」
紅悦「映画ね!!」

Cut No. 6

映画会社の男
「あなたにぜひ映画に
出ていただきたい」
あまりの事に驚きすぎて
声も出ないみどり。

Cut No. 7

映画会社男
「新作「母子星」の主演女優
を探していたのです。
あなたの舞台を見て決心
しました。
こんな処まで来たかいが
あったというものです。」

Cut No. 8

赤座「主演だとよ」
カナブン「なんだよ、みどり
ばっかり」
紅悦「凄いじゃないか
みどり」

Cut No. 9

映画会社男
「是非、出ていただきたい。
あなたならきっとスターに
なれますよ」

Cut No.

Cut No.

Cut No.

scene 63　楽屋裏　続き

Cut No. 5

映画会社男
「何をするかきさま——!!」
赤座「ひでーな」

Cut No. 6

ワンダー「私がみどりちゃんの保護者だ、みどりちゃんの事は私が決める。帰れ!!
床に落ちた破られた名刺を必死で集めるみどり。ワンダーその様子を見て、ワンダー「拾うな、

Cut No. 7

どうせニセモノかもしれん」
映画会社男
「ニセモノとは何か!!我々は…」

Cut No. 8

ワンダー「帰れえっ!!!」
映画会社男を怒鳴り付けるワンダー。

Cut No. 9

唖然とするみどり。

Cut No. 10

ワンダーを嫌な目で見る団員達。

Cut No.

Cut No.

scene 64　夜の風景

Cut No. 1

月明かりの中、騒ぐ沢山のこうもり。

Cut No. 2

ざわめく木々。
何か悪い事が起こる事を予感させる夜の風景。

Cut No.

Cut No.

scene 65　赤猫サーカス団入口

Cut No. 1

相変らず沢山の人だかりで行列ができている。

Cut No. 2

人だかりの中に秘密警察がいる。

Cut No.

Cut No.

scene 66　団員達寝床

Cut No. 1　寝ているみどり。

Cut No. 2　ワンダーが部屋に入って来る。
ワンダー「みどりちゃん出番だよ、したくして」

Cut No. 3　みどり、寝たまま起きようとしない。
みどり「あたい頭が痛いの」

Cut No. 4　ワンダーみどりの布団をめくりながら
ワンダー「ほんとうに？…嘘をついているね」

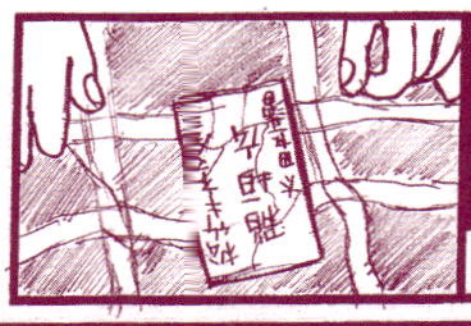

Cut No. 5　みどり、映画会社の男にもらった名刺をつなぎあわせて布団の中にかくしている。

Cut No. 6　それをじっと見るワンダー。

Cut No. 7　布団の中からワンダを睨み付けるみどり。

Cut No. 8　ワンダー名刺をたたきつけまたバラバラにしてしまう。

Cut No. 9　そしてみどりに飛びかかる

Cut No. 10　みどりを鏡に叩き付けるワンダー。
みどりの頭が当たり、割れる鏡

Cut No. 11　みどりを夢中で殴るワンダー。

Cut No. 12　ワンダー「もう、お前は私の物だ！おとなしく私の言う通りにしていなさい!!」
割れた鏡に映る、怒り狂ったワンダーのおそろしい顔

scene 67　楽屋裏

Cut No. 1　みどりの体に布が勝手に巻き付いて行く。

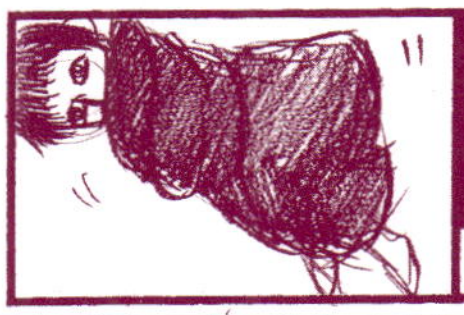

Cut No. 2　身動きできないみどり。

Cut No. 3　ワンダー「言う事が聞けないのなら暫くそうしてろ」
みどり「苦」
ワンダー「一人でやる」

Cut No. 4　怒り狂っている形相のワンダー楽屋を出ていく。

scene 68 舞台上

Cut No. 1

一人で舞台に立つワンダー
観客からの凄い声援

Cut No. 2

いつになくぼおっとして
舞台に立っているワンダー。
なかなか芸を始めない
ワンダーにとうとう客から野
次が飛ぶ。

Cut No. 3

客1「早いとこやれえ～!!」
客2「待たせんなよお!!」

Cut No. 4

野次の声に全く反応しない
ワンダー 正光
客全員「はいれ! はいれ!
はいれ! はいれ!」

Cut No. 5

ワンダー ようやく瓶の中に
手を入れようとする。

Cut No. 6

しかし、瓶の口に
手を近付けたまま
動かなくなってしまう。

Cut No. 7

ワンダー、ひどく汗を
かいている。

Cut No. 8

客3「どうした!! 出られなく
なったら瓶たたき割って
出してやるから安心して
入れ」
観客達の中に笑いが起こる。

Cut No. 9

ワンダー客にむかって
髪を振り乱し怒鳴りつける。
ワンダー「うるさいっ、静かにしろ!
集中できん!!」
客4「おっなんだなんだ!?」

Cut No. 10

ワンダー客を見回す。
ワンダー「きさまら、どいつも、
こいつも…… 気に入らん!!」

Cut No. 11

唖然とする観客達。
ワンダー「臆病なくせに物見高く
怠け者のくせに欲深く、
被害者意識の固りで」
客1「何を言ってやがる」

Cut No. 12

ワンダー「そのくせ 世の中を我が物
顔で歩き回る図々しい俥輩
うすのろだ」
客3「なんだと!!」
客2「それが客に言う事か!!」
客3「バケモノの分際で!!」

Cut No. 13

ワンダー顔色を変える。
ワンダー「バケモノの分際…!!」
客に言われた言葉を繰り
返すワンダー。

Cut No. 14

ワンダー「君いいいいい! 今言っては
いけぬ事を言ってしまいまし
たね、しりませんよおお!!」

Cut No. 15

裸電球が音を立てて
次々に割れ行く。

Cut No. 16

客がそれに気付き
騒ぎ出しパニック状態
になる。

scene 69　楽屋裏

Cut No. 1

蟻男のポケットから
大量の煙が噴出する。

Cut No. 2

慌てふためく蟻男

Cut No. 3

みどりを縛っていた
暗幕から煙が
出てきて，みどりは自由に
なる。

Cut No.

scene 70　舞台上

Cut No. 1

ワンダーが力を
振り絞る。
ワンダー「ぎぎぎぎぎぎぎ」

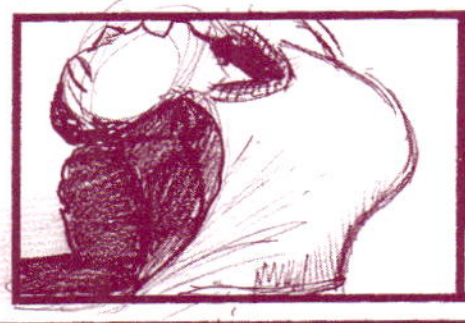

Cut No. 2

客の一人の胸が
破裂しそうに膨らむ。

Cut No. 3

次々に客の体が膨らんで
いく。
背中が膨らむ者も

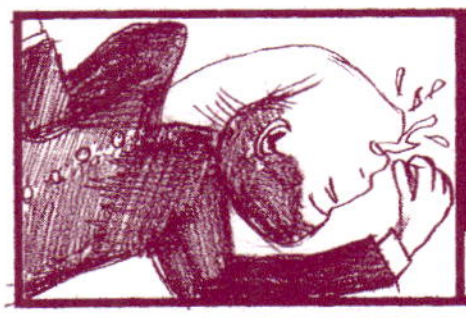

Cut No. 4

首がネジ曲がる者

Cut No. 5

ある男は男性器が
膨らむ。

scene 71　ワンダーの回想（ワンダーの故郷の村）

Cut No. 1

まだ幼いワンダーの前に村人が並んでいる。

Cut No. 2

ワンダーの妖術で次々に悩みを解消している村人達。

Cut No. 3

村人A歩けるようになった!! ワンダー様ありがとうございます!!」
村人B「見える!! 見える!! 目が見える。

Cut No. 4

村人達はワンダーを神様の様に崇めている。

Cut No. 5

ワンダーの前に並んでいた村人達が残り少なくなった頃叫び声を上げる。
村人C「ぎゃーーー!!!」

Cut No. 6

幼かったワンダーの顔はすっかり中年の顔になっていた。

Cut No. 7

先程まで崇めていた村人がワンダーを奇異の目で見てひそひそ陰口を言う。
村人D「気味悪い…」
村人E「バケモノみたいだな」

Cut No. 8

ワンダーに怒りがふつふつとこみ上げる。

Cut No. 9

ワンダーの怒りと共に村人達の体はふくれ上がり爆発していく。

Cut No. 10

ワンダーの顔に血が飛び散る。

Cut No.

Cut No.

scene 72　舞台上

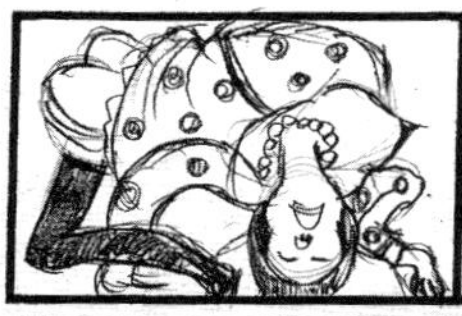

Cut No. 1

体がどんどんねじまがっていく観客達

Cut No. 2

舞台袖から其の様子を見ている団員達。たまらず団長が舞台に飛び出して行く。
団長「なんて事を!! ヤ、やめ!! ああ… やめてくれっ!!」

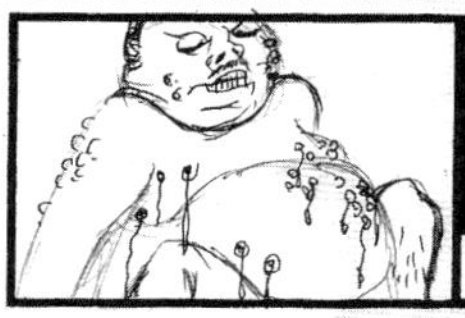

Cut No. 3

客の体は止まる事なく膨らみ、体中にできたイボから膿が吹き出す。

Cut No. 4

観客全員がおかしくなっていき、まるで地獄絵図のような状態になる。

scene 73　赤猫サーカス団、外

Cut No. 1

サーカス団の出口に向かって
逃げ惑う観客達。

Cut No. 2

観客達の流れに逆らって、
警察官2名走って来る。
警察官「どけ、どけ!!」
逃げ惑う観客達をよけながら
走る警察官。

Cut No. 3

警察官「こら、どけ!!」
出口から出て来た観客を
手でかき分け、サーカス団の
中に入ろうとする。

Cut No. 4

入り口を乱暴に
開ける警察官。
警察官「こらあ!!」

scene 74　ワンダーの回想

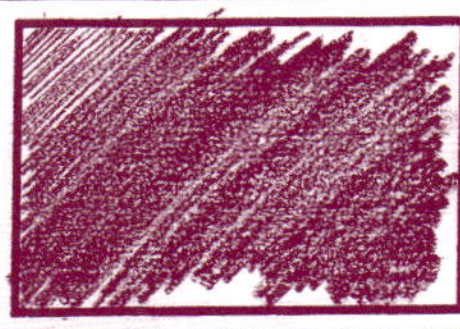

Cut No. 1

暗闇

Cut No. 2

血の海に一人立ちすくむ
ワンダー。

Cut No. 3

暗闇

Cut No.

Cut No. 5

ワンダーいっこうに魔術を
やめようとしない。
ワンダー「曲がれ!!歪め!
ねじれろ!みんな死んでしまえ!」

Cut No. 6

歪み、変型し、ねじれ、
苦しみもがいている観客の
中を嬉しそうに飛び回る
ワンダー正光。

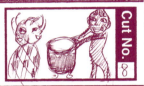

Cut No. 7

蟻男と海鼠も
ワンダーに同調し叫び
ながら暴走する。

Cut No. 8

蟻男の顔はくるくる客の
顔に変わり、水槽を
ガタガタ揺らしまくる海鼠

Cut No. 9

水槽の水が
沸騰している。

Cut No. 10

笑いながら棒切れで
裸電球を次々に割っている
蟻男。

Cut No. 11

団長「ひいいいい」

Cut No.

scene 75　楽屋裏

Cut No. 1

複雑な表情で
ワンダーを覗き込んでいる
みどり。

Cut No. 2

楽屋裏で気絶し倒れ
ているワンダー正光。

Cut No. 3

ワンダーは急に老化
している。

Cut No. 4

其の周りを囲む団員達。

Cut No. 4

みどり、外に出て行く。

Cut No. 5

団長が警官に必死で謝っている。
団長「どうも、すみません、2度とこんな事は
させませんから。どうか今回だけは
大目にみてやって下さい。」
警察官「あんまり派手にやるなよ」
団長「はいっ はいっ、承知致し…」

Cut No. 6

紅悦「力を出し過ぎたのね…」
ワンダーの鼻血をやさしく拭いている
蛇女。
赤座「まったくすげえのなんの、
いい気味だったぜ」
ワンダーが客にしでかした魔術
に好意的な団員達。

Cut No. 7

団長「どうも、ごくろうさまでした」
警察官に深々と頭を下げ、
送りだす団長。

Cut No. 8

団長、団員達の方を振り
向く。
団長「何を喜んでいる!!
とんでもない事をしてくれた！」

Cut No. 9

赤座「いいじゃねえか！又元の体に
戻ったんだしよ〜」
紅悦「あのまんまだったらもっと
良かったのにねえ」

Cut No. 10

団長「ばか!! あんな事をして、
あとで客が暴れ出したらどうするんだ」
紅悦「暴れないでおとなしく帰った
じゃないか」
赤座「生きた心地もしなかったろうぜ」
カナブン「もう一回見たいなあ〜」

Cut No. 11

団長頭を抱えている。
団長「もう、ここではやれんぞ、
他所へ行かねば」

Cut No. 12

気絶したまま動かない
ワンダー。

Cut No. 13

秘密警察が小屋の外で
誰かに連絡している。
秘密警察「ワンダーを見つけ
ました。」

Cut No.

Cut No.

scene 76　団員達寝床

Cut No. 1

ワンダー、目覚めると突然
何も無かったかのように
赤猫サーカスを辞める事を
みんなに告げる。
ワンダー「私は行かんよ」

Cut No. 2

ワンダー「やめさせてもらう」
団員達「ええっ!!」

Cut No. 3

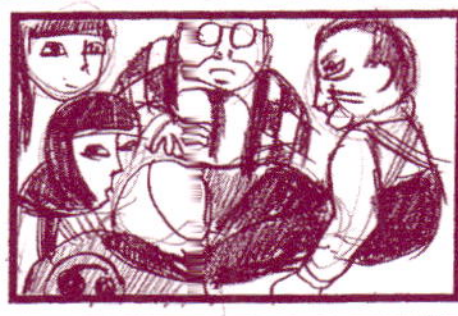

突然の発言に驚く団長と
団員達。団長かなり取り乱して、
団長「そ、そんな急に――!! いや、
待って下さい先生!!」
紅悦「なんでよ急に」
ワンダー ゆっくり起き上がり、
ワンダー「もう、やる気がせんのですわ。」

Cut No. 4

焦る団長「さっきの私の言い方が
いけなかったのなら取り消し
ますから。
紅悦「やめてどうすんのよ」

Cut No. 5

ワンダー何も言わずに
立ち上がり、さっさと楽屋を
出てしまう。

Cut No. 6

団長「先生!!!」

Cut No.

Cut No.

scene 77　星空の見える場所

Cut No. 1

星空を背に一人、みどりが立って
いる。

Cut No. 2

手を合わせて星に何か
お祈りしているみどり。

Cut No. 3

ワンダーが後ろから声を
かける。
ワンダー「みどりちゃん、何を
お祈りしてるんだい?」
振り向くみどり、しかし
すぐ前を向いてしまう。

Cut No. 4

ワンダー「色々悪かったね。」
何も答えないみどり。
ワンダー「みどりちゃんを誰にも渡し
たくない。」
みどりに頬寄せるワンダー。

Cut No. 5

ワンダー「私と一緒に来てくれ。」
急に私の目を見て真剣に
言い出すワンダー。
みどり「いやだ、もう、どこにも
行きたくない。」

Cut No. 6

星空に大きな満月が
浮かんでいる。
みどり 心の声
「お家へ帰りたい!」

Cut No. 7

みどりの心の声が聞こえ
たかの様なワンダーの表情

Cut No.

scene 78　ヒダの道

Cut No. 1

ワンダー「イチ、ニ、

Cut No. 2

サン!!」

みどり目を開ける。

Cut No. 3

みどりの目の前には
ヒダ状になった細い道が
続いている。
ワンダー　みどりの肩を
やさしく叩く。

Cut No. 4

ワンダー「まっすぐ奥へ歩いて
ごらん」
みどり、一人ヒダをかき分け前へ
進んで行く。
ワンダー「ずっと、ずっと奥へ」
ヒダをかき分けて進んで行く
みどりの後ろ姿。

Cut No. 5

ワンダーの声だけが
聞こえる。

Cut No.

Cut No.

Cut No.

scene 79　みどりの故郷

Cut No. 1

ヒダの道を抜けた
みどりの目の前に、みどりの
故郷の景色が広がって
いる。

Cut No. 2

みどり「東京だ!!」
走り出すみどり

Cut No. 3

みどり「うわ――――っ!!」
無我夢中で走るみどり。

Cut No.

scene 80　みどりの実家室内

Cut No. 1

部屋の中にはみどりの父と母が
座ってみどりを見ている。
母「みどり、いつまで遊んでんのよ、
だめじゃない」

Cut No. 2

口を開けたまま、ぼーっとして
いるみどり。
母「何ぼんやりしてんのよ、早く
ご飯食べとくれ、かたずけられない
じゃないの」

Cut No. 3

みどり「うん……」
みどり、母親に言われる
まま座る。

Cut No. 4

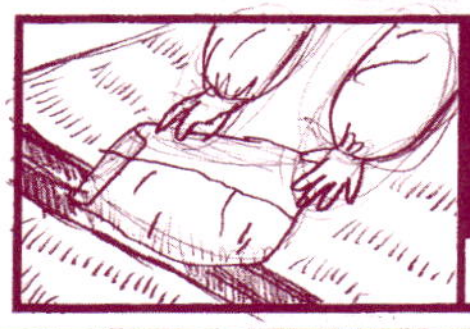

母「はい、これ」
みどり「何?」

Cut No. 5

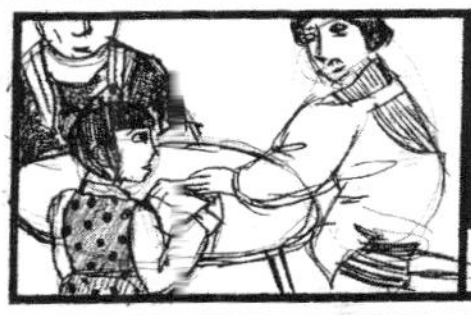

母「何って、明日遠足だろ、お菓子だよ、お父さんが買って来てくれたんだよ」

Cut No. 6

みどり「お父さん、ありがと」

Cut No. 7

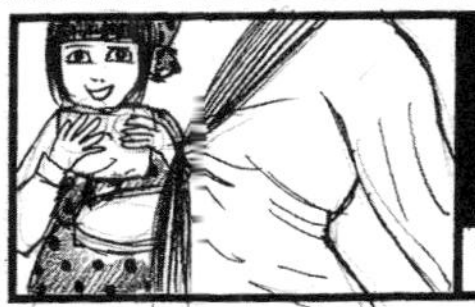

母「寝坊しないように今夜は早く寝るんだよ」
みどり「うん!」
お菓子を抱え、嬉しそうな表情のみどり。

Cut No. 8

母親、裸電球のランプを消す。

Cut No. 9

その中には小さくなったワンダー正光がいる。

Cut No. 10

寝ているみどりとみどりの両親。

Cut No. 11

みどりの頭をなでる男の手。

Cut No. 12

ワンダー正光がみどりの頭をやさしくなでている。

scene 81　楽屋

Cut No. 1

カナブンがのたうちまわって
泣いている。

Cut No. 2

赤座がやってきて近くに腰を
下ろす。
赤座「おい、どうしたんだよ、
しけたツラして、そろそろ店開き
だぜ」

Cut No. 3

全く動こうとしない団員達。
紅悦「相変わらずトロ作ねえ、
まだ知らないのかい？」
無反応の団員達。

Cut No. 4

紅悦
「親方が新しい男と金持って
逃げたんだよ」

Cut No. 5

赤座「え」
間抜けに驚く赤座

Cut No.

Cut No.

Cut No.

scene 82　楽屋裏

Cut No. 1

鳴り響く振り子時計の音。

Cut No. 2

ワンダーの膝枕で寝ている
みどり。

Cut No. 3

それを見つめるワンダー正光。

Cut No. 4

みどり目を覚ます。
みどり「ありがとう、…
ありがとう、… やっと家族に
会えた…」
みどりの目から、沢山の涙が
零れ落ちる。

Cut No. 5

ワンダー「私といれば、会いたい
時に家族に会わせてあげる
から」

Cut No. 6

みどり「おじさん、私ね、、、
女優になりたいの。みんなに
大切にされたいの」
ワンダー「…わかったよ。そのかわり、
一緒にいてくれるね。」
みどり「うん」

Cut No.

Cut No.

scene 83　楽屋裏

Cut No. 1

籠に着物を詰めている、紅悦の手元
赤座が荷作りをしている紅悦の背後にやって来る。
赤座「おい、どうするんだよ、おめえ」
紅悦振り向きもせず、
紅悦「知らないよ、こんな所にいたってしようがないだろ」

Cut No. 2

紅悦、少し手を休め、
紅悦「金持ちのジジイでも見つけてうまくやるわ」
赤座「なに、その年でか？」
馬鹿にする赤座。

Cut No. 3

紅悦「うるさいねえ、自分の心配してな」
赤座床に寝転びながら
赤座「へへ、俺なら大丈夫さ、よその小屋からさそわれてんだ」

Cut No. 4

赤座、楽屋の隅にいる蟻男と海亀に向かって、
赤座「おめえらも紹介してやっからよ、安心しな」

Cut No. 5

みどりとワンダー楽屋に入ってくる。

Cut No. 6

紅悦「あら!?あんた達」
赤座「なんだ、もう、行っちまうのか？」

Cut No. 7

ワンダー、鞄から札束を出し、紅悦や赤座に渡す。
赤座「え、こりゃあ、…！」

Cut No. 8

ワンダー更に札束を出し、
ワンダー「これは異人達に。これだけあれば国へ帰れるだろう」

Cut No. 9

紅悦「ど、どうしたんだい！こんな大金。」
ワンダー「なに、ちょっとね。」
ワンダーニヤリと笑う。

Cut No. 10

みどり、深々と頭を下げる。
みどり「お世話になりました」

Cut No. 11

紅悦「みどり、とってもかわいいよ」

Cut No. 12

恥ずかしそうにうつむくみどり。
それを見守るワンダー正光。

scene 84　サーカス小屋入口

突然サーカス小屋に秘密警察が入って来る。
秘密警察「この男はどこにいる」
ワンダー正光の写真を見せる秘密警察。

紅悦「今ちょうど外に出てまして」
秘密警察「この男は一つの村の村人全員を殺した殺人犯だ」
秘密警察、紅悦を突き飛ばし中に入る。

連行されていくワンダー正光。
団員達が見守る中連れて行かれるワンダー正光。

ワンダーが振り返って見ている。

ワンダーの顔が一瞬蟻男の顔に変わる。

目配せする団員達。

scene 85　野道

団長が新しい恋人の少年と鞄を抱えて野道を走っている。

団長の鞄の口は少し開いていて、そこから赤い花びらが零れ落ちている。
団長「あ？」

団長が鞄を開けると、中には赤い花びらがぎっしり詰まっている。
団長「こ、これは…？」

団長、ショックでよろける。
団長「金が…、バカな、札束が…！」

団長鞄を漁り花びらを掻き出すが、花びらの他は蕾ばかり。

scene 86　赤猫サーカス外観

Cut No. 1

サーカス団を背にして歩いているみどり。
サーカス団の前では紅悦と赤座が手を振っている。
そのとなりには蝶男がいる。

Cut No. 2

紅悦「たっしゃでなあああ!!」
赤座「がんばれよおおお!」

Cut No. 3

みどり，手振り返り，みんなに手を振りながら歩いている。

Cut No. 4

カナブン「みどりー」
切った髪を手に持ちカナブンが手を振っている。

Cut No. 5

ワンダー「あれはカナブンかい?」

scene 87　映画会社

Cut No. 1

映画会社を訪れるワンダーとみどり。

Cut No. 2

男「もうみどりさんに出演していただく事前提で色々な話が進んでいます。
みどりさんの住む所も手配済みですし。

Cut No. 3

早速前にお話した映画の顔合わせをしましょう。
ワンダーサンには今後マネージャーという形でみどりちゃんをサポートして頂くという事で……」

scene 88　顔合わせ会場

Cut No. 1

みどりの目の前に映画のプロデューサーや監督が並んでいる。
それを見守っているワンダー。

Cut No. 2

みどりが棒読みで台本を読み上げる。
みどり「私はもう孤独でもない一人でもない。

Cut No. 3

あまりの演技の下手くそさにざわざわする関係者達。

Cut No. 4

不安そうなみどりの顔

Cut No. 5

ワンダーが指を打ち鳴らす。
ワンダー「みどりちゃん，続きを」

Cut No. 6

すると急にみどりの芝居が上手くなる。
みどり「そう私は支援者を手にした。恐れる物は何もない。どんどんのし上がり，全てを手に入れよう。」

Cut No. 7

監督が急に立ち上がる。
監督「すばらしい!!
やっぱり君にしてよかった!!」

Cut No. 8

嬉しさのあまり小躍りするみどり。
ワンダー「良かったね，みどりちゃん，おめでとう」

scene 89 東京スタジオ前

Cut No. 1

いつの間にか、
みどりは大スターになっている。
美しい衣装を着て
きちんとメイクし、見違える
様になっている。

Cut No. 2

トラックアウト

Cut No. 3

サイン攻めにあい、ファンの人
をかき分けながら進む
みどり。

Cut No. 4

その様子を少し離れた
所から嬉しそうに
見るワンダー。

scene 90 スタジオ中

Cut No. 1

みどり ワンダーと共に、
沢山のマネージャーや付き人に
囲まれて慌ただしくスタジオに
入って来る。

Cut No. 2

撮映の合い間にも
色々な雑誌のインタビュー
取材を受け、同じ答えを
笑顔でしつづけるみどり。

Cut No. 3

しかしみどりは寝てない
みたいでかなり疲れている
様子。

Cut No. 4

休憩中、沢山の付き人に
扇子で扇がれているみどり。

Cut No. 5

みどり「おじさん、疲れすぎて
台詞を覚えてないの…」
ワンダー指を打ち鳴らす。
みどり「ありがとう、おじさん」

Cut No. 6

出番が来て呼ばれる
みどり。

Cut No.

Cut No.

scene 91 喫茶店

Cut No. 1

団員達がみどりの記事を
読んで騒いでいる。
赤座「すげー、すげー
なんだかみどりじゃない
みたいだ。

Cut No. 2

紅悦「良かったじゃないか。
ここにいたってしょーもなかった
だろーよ」

Cut No. 3

カナブン「つまんねーの」

Cut No. 4

scene 92　映画劇中劇

Cut No. 1

不思議な格好の男女の前に、ボディスーツを着たみどりがたっている。

Cut No. 2

みどり「ここはどこ？今まで見て来たものは何？
これが現実？それとも幻想？」

Cut No. 3

男「どっちだって同じだよ。
現実は幻想で現実だ。
全ては表裏一体」

Cut No. 4

男が蟻男に変化し
驚いた表情のみどり。

Cut No. 5

蟻男「夜は驚くべき事あり
昼は飛びきたる矢あり
幽暗（くらき）にはあゆむえやみあり。昼にはそこなう激しきやまいあり。されど汝おそるることたらじ」

Cut No. 6

みどり。台詞を忘れて
驚いた表情のまま
蟻男を見ている。

Cut No. 7

監督「カーットッ　カット、カット
どうしたのみどりちゃん、疲れてるのかな？」

Cut No.

scene 93　楽屋

Cut No. 1

目を覚ますみどり。

Cut No. 2

みどり。楽屋でサインを
書いている途中、
疲れてうたたねしていたらしい。

Cut No. 3

みどりの前には積み
上げられたサインの山
みどり「まだまだある…」
みどり、眠い目をこすってサインを書こうとするが、机に頭を打ち付ける様にうつ伏せる。

Cut No. 4

みどり「大切にされるって言ったのに…大切にされたかっただけなのに…」
みどり急に色紙を床にぶちまける。

Cut No. 5

だまって見ているワンダー。

Cut No.

Cut No.

Cut No.

scene 94　映画劇中劇

Cut No. 1

女王、王様、家臣達が立っている。

Cut No. 2

その前にみどりが立っている。

Cut No. 3

王様「お前の望みは何だ」
女王「富、名声、権力、名誉… それとも…」

Cut No. 4

みどり「全部です。欲しいものは手に入れると要らなくなります。だから全てを手に入れたいんです。

Cut No. 5

この世の全て」

scene 95　映画スタジオ

Cut No. 1

映画の撮影がクランクアップして、沢山の人に囲まれ拍手される中、

Cut No. 2

監督から花束を受け取るみどり。

Cut No. 3

みどりはまぶしいライトの光をあびて美しく光輝く。

Cut No. 4

ワンダーはその光景をまぶしそうに見ている。

Cut No. 5

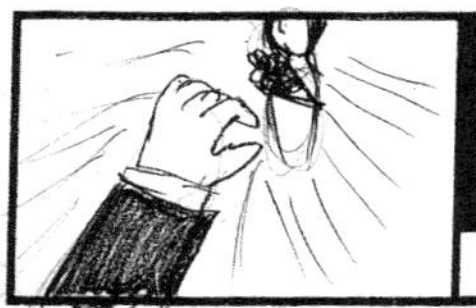

みどりをつかもうとするかの様に手を伸ばすワンダー。

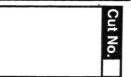

scene 96　桜の木の下

Cut No. 1

満開の桜の下を寄り添いながら歩いているみどりとワンダー。
二人には桜の花が降り注いでいる。

Cut No. 2

古びたバス停の前で立ち止まる2人。

Cut No. 3

みどり「おじさん、女優はもうつまらない。」
ワンダー「じゃあ次は何が望みなの？」

Cut No. 4

みどり「次はおじさんの魔法が欲しい」

Cut No. 5

ワンダー「……おじさんの魔法をみどりちゃんにあげてしまったら、おじさんは何もなくなってしまうよ」

Cut No. 6

みどり「今度はおじさんを助けてあげたいの。だから魔法をちょうだい」
ワンダー「…みどりちゃんに魔法をあげる力もおじさんには残ってないよ」

Cut No.

みどり「じゃあ、おじさんと一緒にいる意味がなくなってしまう。」
ワンダー「おじさんがみどりちゃんに魔法をあげたら一緒にいてくれるの？」

Cut No. 7

みどり「今度は自分の力で生きてみたいの。

Cut No. 8

ワンダー「じゃあ、おじさんの魔法をみどりちゃんにあげよう」

Cut No. 9

ワンダーすがる様にみどりの手を取りひざまずく。
ワンダー力を振り絞りみどりに魔法を渡す。

Cut No. 10

ワンダー急速に老化し地面に倒れる。

Cut No. 11

みどり「おじさん？
おじさん？」

Cut No. 12

ワンダーの目にみどりが映る。
ワンダー眩しそうに目を細める

Cut No. 13

ワンダー、みどりをつかもうと手を伸ばすが叶わず力つきる。

Cut No.

Cut No.

scene 97　白い世界

Cut No. 1

みどりの周りに桜吹雪が
舞いはじめ、だんだん大きく
なってくる。

Cut No. 2

笑い声が聞こえみどりが
振り向くと、

Cut No. 3

死んだ筈の華便棄を
含めた全団員、が笑っ
ている。

Cut No. 4

笑っている団員達それぞ
れの顔。
華便棄。

Cut No. 5

赤座、紅悦

Cut No. 6

団長、カナブン

Cut No. 7

異人2人

Cut No. 8

ワンダー正光。

Cut No. 9

みどり「いやあああ――っ。
笑うな――!!」

Cut No. 10

みどり、木の棒を手に取り

Cut No. 11

幻を追い払おうと
振り回すと、

Cut No. 12

幻の人物(団員達)の顔が
ドロドロと溶けて行く。

Cut No. 13

Cut No. 14

今までワンダーにかけられて
いた呪術が
みどりの周りに浮かび

Cut No. 15

東京に行って女優になった
事から、赤い部屋から、
花畑から、みどりが
大きくなったりした、全ての
幻想の映像が音を立てて
崩れ溶けて行く。

Cut No. 16

そして今までの幸せな
幻想がみどりの体で
すり抜けて行く。

Cut No. 17
それと同時に
みどりの着ていた贅沢な
洋服も、元の簡素な
洋服に戻って行く。
Cut No. 18
みどり「ああ、全部
なくなってしまう!!」
Cut No. 19
溶け崩れた様々な
色の液体が兄元から
流れて消えて行き、
白い地面が見れる。
Cut No. 20
みどり「うわーん!」
全面真っ白な世界の中に
ひとりぼっちで泣いている
みどり。

Cut No. 21
肩を震わせて泣いている
みどり。
一瞬フラッシュの光を
感じるみどり。
みどり、何かに気づき、
Cut No. 22
泣くのをやめて下を向い
たまま動かなくなる。
Cut No. 23
唇を噛み締め、決意の
目つきで顔を上げるみどりの
アップ。
みどりの声「3.2.1」
Cut No. 24
みどり、「ぱつ」と自分で
手を打つ。
フラッシュの様に瞬く光。

映画 少女椿

監督・脚本	TORICO
製作	太代眞裕（リンクライツ）
	柏木登（VAP）
	奥田真平（オンリー・ハーツ）
エグゼクティブ・プロデューサー	前田伸一郎（VAP）
プロデューサー	堀越大（VAP）
原作	丸尾末広（青林工藝舎刊）
撮影	曽根剛
照明	加藤大輝
録音	山口勉
美術	佐々木健一（BEENS）
美術デザイン・監修	宮下忠也
グラフィックデザイン・美術協力	ARUTA SOUP
グラフィック提供・グラフィック協力	KOME SENNIN
	SPACE MONKEY
特殊メイク	JIRO（自由廊）
	KENJI（自由廊）
監督補・編集	山口ヒロキ
助監督	足立内仁章
VFX スーパーバイザー	オダイッセイ

アニメーション制作……KASICO
ナカガワナオ
音楽……黒石ひとみ
主題歌……チャラン・ポランタン「あの子のジンタ」(avex trax)
衣装デザイナー……武田久美子
スタイリスト……小松夕香
ヘアスタイリスト……Akira Yamada
メイクアップアーティスト……RINO
出演：　花村みどり……中村里砂
ワンダー正光……風間俊介
紅悦……森野美咲
カナブン……武瑠（SuG）
鞭棄……佐伯大地
海鼠……漆崎敬介
蟻男……マメ山田
竜ヶ崎……鳥肌実
山高帽の男……手塚眞
赤座……深水元基
花村光代（みどりの母親）……鳥居みゆき（友情出演）
嵐鯉治郎（団長）……中谷彰宏

2016年／日本映画／デジタル／カラー／90分／R-15

監督・脚本 TORICO

映画監督 / ファッションブロガー / ファッションデザイナー。
監督短編映画「ミガカガミ」(04) が東京ファンタジア国際映画祭、ゆうばり国際映画祭など、国内映画祭で高い評価を受けた後、新人監督の登竜門として知られる第七回インディーズムービーフェスティバルにて準グランプリ受賞。海外ではモントリールを始めとする7カ国11箇所の映画祭に招待上映される。劇場映画デビュー作「イケルシニバナ」(06) は7カ国の海外映画祭に正式招待され、さらに高い評価を受けている。
その後、写真集「不思議ノ国ノ」を企画プロデュースして出版する等活動の幅を広げる。ホラー漫画界の巨匠御茶漬海苔監督映画、ビジュアリストである手塚眞監督作品に出演等、数々のクリエイターの作品に女優として多数参加。
2012年にはインターナショナルモード誌『NumeroTOKYO』のブログを開始。ファッション業界で人気ブロガーとして認知されるようになる。
2013年11月にアーティスト明和電機の立ち上げたブランド「MEEWEE DINKEE」のデザイナー&ディレクターに就任。40誌以上の媒体に取り上げられ話題となる。
公式サイト：http://www.toricotorico.com/

CAST

中村里砂 (みどり役)

1989年7月12日生まれ、東京都出身。
2010年よりモデルとして活動。2013年より、ファッション雑誌「LARME」のレギュラーを務め、その他各ファッション誌のモデルとして活躍。
2014年からは活動の幅をテレビに展開。NHK World「Kawaii International」をはじめ各局のバラエティ番組に出演する。2015年には初のスタイルブック「中村里砂 FIRST STYLE BOOK RISADOLL」を発売するなど。モデル・人気タレントとして人気急上昇中。俳優の中村雅俊と女優の五十嵐淳子の三女。

風間俊介 (ワンダー役)

1983年6月17日生まれ、東京都出身。
99年TVドラマ「3年B組金八先生」第5シリーズに出演し、高い評価を得て、日刊スポーツ・ドラマ・グランプリ新人賞を受賞。その後、ドラマ「世界で一番熱い夏」(01) や「アキハバラ@DEEP」(06) では主役を務め、映画では「前橋ヴィジュアル系」(11) では映画初出演で初主演。最新作は「猫なんかよんでもこない」(16年1月30日公開)、舞台では「蒲田行進曲～城崎非情編～」(06)、「恋はコメディー」(08)、「ビリーバー」(10) に出演するなど、数々の作品に出演し、本格派俳優としての実力が認められている。

深水元基（赤座役）

1980年生まれ、東京都出身。
俳優であり、オリジナルブランド montee のデザインを手がけるなど、デザイナーとしても活躍。主な出演映が作品「愛のむきだし」(09)、「クローズ ZERO Ⅱ」(09)、「恋の罪」(11)、「るろうに剣心」(12)、「希望の国」(12)、「地獄でなぜ悪い」(13)、「新宿スワン」(15)、「ラブ&ピース」(15)、「みんな!エスパーだよ!」(15) 等。

中谷彰宏（団長役）

1959年生まれ、大阪府出身。
早稲田大学第一文学部演劇科卒業。84年、博報堂入社。CMプランナーとして、テレビ、ラジオCMの企画、出をする。91年に独立し、（株）中谷彰宏事務所を設立。ビジネス書から、恋愛エッセイ、小説まで多岐にわたるジャンルで数多くのベストセラー、ロングセラーを送り出す。

武瑠（カナブン役）

5月11日生まれ、埼玉県出身。
2007年1月に結成されたヘヴィー・ポジテイブ・ロックというバンドコンセプトで活動しているヴィジュアル系ロックバンド「SuG」の Vocal。バンドのアートワークやPVの監督も務める。また、バンド活動以外も、ファッション誌「KERA」のモデルとしても活躍し、自身がプロデュースするブランド「million $ orchestra」のデザイナーも手がけるなどマルチな才能を発揮している。

佐伯大地（鞭棄役）

1990年生まれ、東京都出身。
立教大学現代心理学部出身。2009年、ミスター立教コンテスト準グランプリ。その後、「キャンパス スター☆ H50with メンズノンノ」でファイナリストに選ばれ芸能界デビュー。主な出演作。テレビドラマ:「死神くん」(14)、「磁石男」(14)、「魔法☆男子チェリーズ」(14)、映画:「2ちゃんねるの呪い 劇場版」(04)、舞台:劇団めばち娘旗揚げ公演「ツチノコの嫁入り」(15)、等。 ミュージカル：「刀剣乱舞」(15)（16)。

森野美咲（紅悦役）

1985年生まれ、愛知県出身。
2008年、レースクイーンとしてデビュー。その後、グラビアアイドルとして活躍。2012年「ミスFLASH2013」エントリー。2013年11月、映画「花鳥籠」で映画初主演。2013年11月、写真集「9月のクロ猫」（ワニブックス）を発売。また女優として、舞台でも活躍、2013年「国家～偽伝、垣武と最澄とその時代へ」（新国立劇場）2013年「大家族ゲーム」、2014年6月の舞台「華氏102F」では座長を務める。また、2014年～15年「友情」女医 三村礼子役で出演（中野サンプラザ劇場～全国）。またテレビにも活躍の場を広げ、テレビドラマは「きんぴか」（WOWOW 16年1月放送）「ダマシバナシ」等に出演。